KB051107

중국어문법의 이해

중국어문법의 이해

이영희 지음

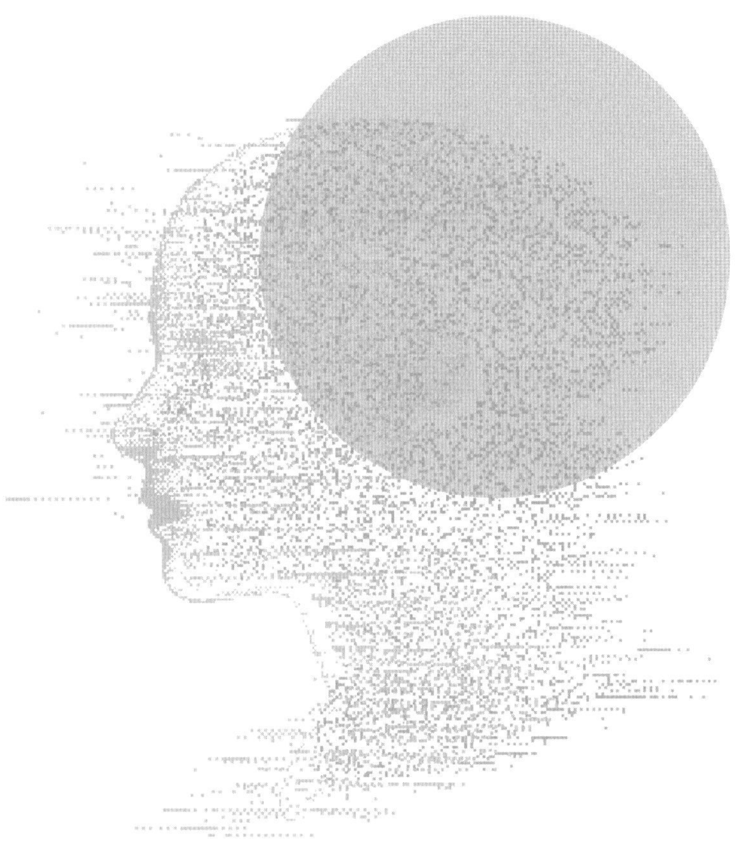

iB 인터북스

/ 서문 /

문법공부는 오래된 공부이자 오래된 학문이다. 과거는 고문서 독해를 위한 공부였다면 오늘날에는 텍스트에 대한 독해 뿐만 아니라 텍스트 제작을 위한 공부이기도하다.

문법구조에는 그 언어를 사용하는 사회집단의 사고구조와 자연에 대한 인식구조가 고스란히 반영되어 있다. 중국어 문법은 한국어와 전혀 다른 어족에 속하지만 한자라는 공동매개체로 일본과 더불어 같은 인식체계를 가지고 있음을 알 수 있다. 더 확장한다면 인간의 언어는 인간 사고의 결정체이고 자연을 인식하고 사회를 구성하는 시스템화 된 공식과 공리가 병존하여 있다.

자연에 대한 인간의 능동적인 활동과 수동적인 활동이 언어에서는 능동문과 피동문으로 표현되며, 지구에 존재하는 사물 더 나아가 우주에 존재하는 모든 사물은 존현문이라는 언어적 구조로 표현되고, 시간성의 저항을 받지 않는 기술이나 묘사는 형용사 서술문이라는 언어적 구조로 표현된다. 이런 구조들은 대부분 언어에 존재하는 형식적인 언어구조들이다.

이 책은 중국어 문법에 대한 개괄적인 이해를 돕기 위하여 집필된 책이다. 특히 4년제 중국어학과 학생들이 꼭 알아야 할 문법구조와 특성들로 구성되었다.

1장에서는 중국어의 문장유형에 대한 소개이다. 특히 명령문부분에서는 자주동사와 비자주동사의 차이점에 대한 소개를 첨가하였다.

2장에서는 5가지 기본문장형식에 대하여 소개하였다. 자동사 술어문인 “$S+V_{\text{자}}$”에서는 이합동사에 대한 기술을 첨가하였고, 타동사술어문 “$S+V_{\text{타}}$

±O"에서는 심리동사와 사역동사의 차이점, 심리동사와 형용사의 차이점, 형용사와 사역동사의 차이점에 대한 기술을 첨가하였고, 형용사 술어문 "$S+P_{\text{형용사구}}$"에서는 다양한 형용사의 용법에 대한 기술을 첨가 하였고, 특히 정도보어용법에 대한 기술을 첨가하였다. 형용사성을 띤 "很有+NP", "很会/很能+V", "很费+N"와 같은 특수구문에 대한 설명도 여기에 첨가 하였다.

3장에서는 특수문장형식 4개를 소개하였다. 존현문의 특수한 용법를 소개하면서 처소명사와 방위명사, 시간사에 대한 소개를 첨가하였고, "처치성" 의미를 지닌 "把"자문을 소개하면서 결과보어, 정도보어에 대한 설명을 첨가하였고, "피동적" 의미를 지닌 "被"자문의 용법을 "把"자문과 비교하면서 소개하였고, 함수적 관계를 나타내는 배분문용법을 소개하면서 개체양사에 대한 소개를 첨가하였다.

4장에서는 시간의 점과 시간의 길이에 대한 설명을 통하여 중국어에서 시점과 기간이 언어구조에서 차지하는 위치가 다름을 소개하면서 1차원적인 언어적 직선과 2차원적 텍스트 기술에서의 시점 사용의 차이점에 대한 기술을 첨가하였다.

5장에서는 "상"이라는 문법체계가 중국어문법에서의 기능을 소개하기 위하여 동사의 특성에 따라 정지동사, 활동동사, 종결동사, 순간동사로 분류하면서 각 부류에 속하는 동사들 특징적 용법을 소개하였다. 이런 동사들의 특징적 용법에 기초하여 중국어의 상체계를 소개하였다. 완료상 "-了", 완료-변화상 "-了", 미래상 "要……了", 지속상 "-着", 경험상 "-过", 시작상 "-起来/-上了", 이음상 "-下去"를 소개하면서 이와 같이 사용되는 시간부사들도 같이 첨가하여 기술하였다. 이 책은 사역문과 비교문에 대하여 다루지 않았다. 이 부분은 차후의 문법서에서 소개하려 한다.

이 책 출간에 흔쾌히 도움주신 하운근 사장님께 감사드리고, 조연순 팀장님께 감사의 인사를 드린다.

엄광산 연구실에서 이영희

/ 목차 /

Chapter 1 문장, 어떤 것을 지칭할까?

Chapter 2 중국어기본문장형식이란?

Chapter 3 중국어특수문장형식

Chapter 4 시간표현

Chapter 5 중국어의 "상"체계

Chapter 1

문장, 어떤 것을 지칭할까?

커뮤니케이션에서 우리는 상대의 말을 듣고, 나의 생각을 서술할 때가 있다. 우리는 흔히 문장을 "sentence"라고 하며, 'S' 대문자로 표시할 때 도 있지만, 주어인 "subject"를 'S' 대문자로 표시할 때도 있다. 이런 점을 유의하면서 아래의 기술들을 구별하기 바란다.

문장이란 무엇일까? 커뮤니케이션에서 한 가지 사건을 전달하거나, 한 가지 이치를 서술할 때 사용하는 문법적인 단위이다. 한 문장의 문미는 폴링 인토네이션 혹은 라이징 인토네이션으로 구성되며, 문장부호를 동반한다. 이에 기초하여 문장을 서술문, 의문문, 명령문, 감탄문 4가지 유형으로 분류한다.

1.1 서술문

서술문의 문미는 폴링 인토네이션으로 구성되었고, 마침표 '。'로 마무리 한다. 서술문이 단어로 구성 될 수도 있고, 단어결합(혹은 구)으로 구성될 수도 있고, 모든 문장성분을 갖춘 단일문으로 구성될 수도 있다. 서술문이라고 기술할 때 문법적인 용어로서 단일문을 가리킨다. 서술문은 문미가 마침표로 마무리 되기에 문장을 완성 할 수 있는 성분을 필요로 한다.

단어라 함은 품사를 가리키고, 단어결합 혹은 구는 '품사$_1$+품사$_2$'를 가리킨다. 단답형 문장 예를 들면 '是。' '好。' '对。'를 제외하면 모든 문장에는 시제를 나타내는 '了' '着' '过' 등과 같은 성분을 필요로 한다. 예를 들면 한국어에서 '편지를 부치다'와 '편지를 부친다'의 차이점을 생각해 보면 된다.

1	下雨了。	(비가 오네요)
2	就剩一个人了。	(剩[shèng] 한 사람만 남았네요)
3	我不想再吃了。	(저는 더 먹고 싶지 않아요)
4	他非常健康。	(健康[jiànkāng] 그는 아주 건강해요)
5	我们以前见过面。	(우리 전에 만난 적 있어요)
6	社会是人生最好的课堂。	(课堂[kètáng] 사회는 인생의 최고의 교실이다)

예문 (1-2)는 주어 없이 완성된 문장이고, (3)은 부정문이고, (4)는 '부사+형용사' 즉 형용사구가 술어인 문장이고, (5)는 이합동사 '见面'이 '동사+过+명사' 즉 '술어+목적어'로 구성된 문장이고, (6)는 'A是B'로 구성된 문장이다. 마침표로 마무리 하고, 폴링 인토네이션으로 읽는다.

7	我不赞成他这样做。	(赞成[zànchéng] 나는 그가 이렇게 하는 것을 찬성하지 않는다)
8	他没有权力说这种话。	(权力[quánlì] 그는 이런 말을 할 권리가 없다)
9	这个情况你不是不知道。	(情况[qíngkuàng] 이런 상황을 너는 모르는 것도 아니잖아)
10	我不能不帮他一把。	(나는 너를 한번 도와 주지 않을 수 없다)

예문 (7-8)는 부정형식 서술문이다. 부정형식의 서술문은 술어부분을 부정부사 '不' '没/没有'로 부정하여 구성되며, (9-10)는 이중부정형식 '不+성분+不+동사'로 긍정적인 의미를 나타내는 서술문이다. 유의하여 할 점은 이런 이중부정형식으로 긍정을 나타내는 문장은 단순 긍정문이 나타내는 의미와 다르다. 예문 (9)는 '상황을 뻔히 알면서'라는 암묵적인 의미가 있지만 '这个情况我不知道'는 글자 그대로의 의미를 나타낸다. (10)도 마찬가지로 '꼭 도와 줘야 한다' 혹은 '힘든 것을 뻔히 알면서 도와 주지 않을 수 없다'라는 의미를 암묵적으로 내포하고 있다.

서술문은 서술적인 어기를 지닌다. 앞에 문장들처럼 폴링된 인토네이션을 나타내는 외에 다른 문법적인 형식은 없을까? 아래의 어기조사들이 바로 그 서술적인 어기 기능을 나타낸다. 형식은 '문장+어기조사' 즉 'S+어기조사'로 구성되었다. 그 어기조사들은 '的, 了, 罢了[bà·le], 嘛, 啊, 呢'등이다.

11	他工作从来都很认真*的*。	(그는 일을 늘 열심히 했었다/해왔다)
12	我已经收到了你的信*了*。	(나는 이미 너의 편지를 받았다)
13	他不过就是随便说说*罢了*。	(随便[suí//biàn] 그는 단지 신경 쓰지 않고 말했을 뿐이야)
14	本来就应该这样*嘛*。	(원래부터 이래야 하는 거야)
15	我们可以一起研究*啊*。	(우리 함께 고민해 볼 수 있잖아)
16	他在床上躺着*呢*。	(그는 침대에 누워 있네요)

이런 어기조사들은 문장에 있는 다른 부사성분들과 같이 사용될 때가 많다. 예문 (11)의 어기조사 '的'는 '从来都......的'로 구성되고, (12)의 어기조사 '了'는 '已经......了'로 구성되고, (13)의 어기조사 '罢了'는 '就是......罢了'로 구성되고, (14)의 '嘛'는 '就......嘛'로 구성되고, (15)의

'啊' 는 '可以……啊'로 구성되고 (16)의 '呢'는 '在……V着……呢'로 구성되었다. 여기에서 이 조사들은 모두 술어 앞에 위치한 부사와 함께 어기를 나타내기에 문미는 마침표로 마무리 되었다. 어기조사가 없는 문장과 비교 하여 보면 더 쉽게 이해된다.

17 他工作很认真。 (그는 일을 열심히 한다)
我收到了你的信。 (나는 너의 편지를 받았다)
他随便说说。 (그는 신경 쓰지 않고 말했다)
应该这样。 (이래야 한다)
我们一起研究。 (우리 함께 고민하자)
他在床上躺着。 (그는 침대에 누워 있다)

예문 (17)의 어기조사를 생략한 문장들은 화용론적면에서 나타내는 감정색채가 없다. 그러면 우리는 위의 어기조사를 서술을 나타내는 어기조사라 해도 무방하다. 구체적으로 어떤 서술적인 감정색채를 나타내는 가는 좀 복잡한 문제이기에 여기에서 다루지는 않겠다.

1.2 의문문

일상생활에서 신기하게 느끼는 사건 혹은 진일보로 알고 싶을 때 생기는 생각들이 존재한다. 우리는 이런 것들을 언어적인 방법으로 표현하려 하며, 의문이라는 형식을 사용하여 질문을 하게 된다. 의문형식과 서술형식의 가장 뚜렷한 차이점은 문미에 물음표 '?'를 의문표지로 사용한다는 점이다.

의문문은 의문표지에 따라 시비의문문, 선택의문문, 특수의문문, 반문문, 추측의문문, 생략의문문으로 구분할 수 있다.

1.2.1 시비의문문

서술문에 의문사 '+吗'를 사용하는 방법, 의문사를 사용하지 않고 문미를 라이징 인토네이션으로 표현하는 방법, 부정부사를 사용하여 'X不X' 혹은 'X没X'로 표현하는 방법이 있다.

'S±吗'

18 你们下午工作*吗*? (여러분 오후에 일 하나요?)
19 他漂亮*吗*? (그는 잘 생겼나요?)
20 现在出发? (지금 출발?)
21 那里的东西便宜? (便宜[pián·yi] 저기에 있는 물건이 싸?)

'X不X' 혹은 'X没X'

22 这个电影你*看不看*? (이 영화를 볼건가요?)
23 今天咱们*讨论不讨论*这个问题? (오늘 우리 이 문제를 토론하나요?)
24 你*愿不愿意*跟我们合作? (愿意[yuànyì] 우리와 협력하기를 원하나요?)

'S+吗'형식는 서술문에 의무표지 '吗'를 사용하였기에 문미는 폴링 인토네이션으로 발음하고, 'S-吗'형식은 서술문에 단지 의문부호 '?'로 표시하였기에 문미는 라이징 인토네이션으로 발음하여야 한다. 그래야 서술문과 입말에서 구별이 된다.

폴링 인토네이션과 라이징 인토네이션에서 주의할 점은 원형일 경우 폴링 인토네이션으로 읽고, 그외 변형사항에 대하여 라이징 인토네이션으로 읽는다. 예를 들어 시비의문문은 '±吗'에서 '+吗'는 시비의문문의 원형형식이고, '-吗'는 변형형식이기에 라이징 인토네이션으로 읽어야 한다.

'X不X' 혹은 'X没X' 의문문에서 유의하여 할 점은 아래와 같다.

① 이음절 동사 혹은 형용사일 경우: ‘A不AB’ / ‘A没AB’ 혹은 ‘AB不AB / AB没AB’와 같은 형식이 있는데 예를 들면

学习-学不学习/学习不学习　学没学习/学习没学习

高兴-高不高兴/高兴不高兴　高没高兴/高兴没高兴

② 동사 앞에 전치사구가 존재한다면, 전치사가 이와 같은 형식을 취한다. 한 문장에 이런 구조는 한나만 존재할 수 있다. 예를 들면

跟-跟不跟我去?

在-在不在学校学习?

从-从不从这儿开始?

把-把没把垃圾扔掉?

③ ‘X没X’중 ‘没’는 완성된 이벤트 혹은 동사에 대한 질문이기에 ‘应该’나 ‘愿意’와 같은 미래의미를 나타내는 조동사에는 사용할 수 없다. 더욱 주의하여야 할 것은 한 문장에 ‘조동사+전치사구+동사”가 모두 존재 할 때 ‘X不X’ 혹은 ‘X没X’형식은 구조적 선후 순서에 따라 조동사를 변형시키고, ‘전치사구+동사”일 경우 전치사를 변형시키고, 조동사와 전치사가 존재하지 않을 경우 동사를 위와 같이 변형시켜 의문문을 구성한다. 예를 들면

愿意跟你们合作-愿不愿意跟你们合作/愿意不愿意跟你们合作

~~愿没愿意跟你们合作/愿意没愿意跟你们合作~~

跟我说-跟不跟我说/跟没跟我说

~~跟我说不说/跟我说没说~~

④ ‘X不X’ 혹은 ‘X没X’ 형식에는 어기사 ‘呢’를 사용할 수 있지만 의문사 ‘吗’는 사용할 수 없다. 그 이유는 아주 간단하다. 한 문장에 의문형식이

두개가 존재할 수 없기 때문이다. 예를 들면

这本书你买不买? ~~这本书你买不买吗?~~ (이 책을 당신이 살건가요?)
他会不会不来呢? ~~他会不会不来吗?~~ (그는 오지 않을 가요?)
孩子睡没睡呢? ~~孩子睡没睡吗?~~ (어린이는 잠들었나요?)

⑤ 입말에서는 아래와 같은 형식을 사용할 수 있지만 글말에서는 사용하지 않는다. 예를 들면

咱们今天看电影不看? 'X+목적어+不X'
你觉得她会生气不会? '조동사+X+不조동사'

동사의 '看'의 'X不X'의 형식 '看不看电影'이 'X+목적어+不X'의 변형형식이 되고, 조동사 '会'의 'X不X'의 형식 '会不会生气' 가 '조동사+X+不조동사'의 변형형식이 된 것이다.

위와 같은 시비의문문은 긍정형식과 부정형식의 답이 존재한다. 사실상 질문에 답이 포함되어 있다. 예를 들면

25 他是你的老师吗? 是。/不是。
26 那里的东西便宜? 便宜。/不便宜。
27 这个电影你看不看? 看。/不看。
28 你愿不愿意跟我们合作? 愿意。/不愿意。
29 问题解决没解决? 解决了。/没解决。(解决[jiějué] 해결하다)
30 你跟不跟我们合作? 跟你们合作。/不跟你们合作。

위와 같이 질문에 답이 포함되어 있다. 긍정형식은 동사나 형용사 원형으로 답하면 되고, '没'는 동작의 완성 혹은 사건의 완성을 포함하기에 긍정형식에는 예문 (28)처럼 답해야 한다. '了'에 관한 자세한 설

명은 5장을 참조하기 바란다.

1.2.2 선택의문문

선택의문문은 여러 개의 사건을 배열하기에 적어도 1개 이상의 선택사항이 존재한다. 보통 2개의 사건을 배열하여 선택할 경우에는 '是A还是B' / 'A还是B'형식을 사용한다. 예를 들면

31 你*是*喝茶*还是*喝咖啡? (咖啡[kāfēi])
=你喝茶*还是*喝咖啡? (차 마실 건가요, 커피 마실 건가요?)

32 你*是*跟我去*还是*跟他去?
=你跟我去*还是*跟他去? (나와 갈 건가요, 그와 갈 건가요?)

33 你明天*是*在家*还是*在办公室?
=你明天在家*还是*在办公室? (내일 집에 계실 건가요 사무실에 계실 건가요?)

34 你*是*要茶、咖啡、果汁儿? (果汁儿[guǒzhīr])
=你要茶、咖啡, 果汁儿? (차, 커피, 쥬스 중 필요한 것은요?)

예문 (30-32)는 선택사항이 2개이기에 '是A还是B' / 'A还是B' 선택의문문 형식을 사용하였다. (33)는 2개 이상의 선택사항이기에 '是A,B,C' 혹은 'A, B, C'와 같은 형식으로 선택의문문을 표시하였다. 이와 같이 선택사항이 2개 이상일 경우, 병렬적인 형식을 사용하여 선택의문을 나타내기도 한다.

그런데 선택의문문에서 아래와 같은 규칙에 유의하여야 한다.

① 주어에 대하여 질문할 경우 같은 성분을 생략할 수 없다. 예를 들면

a. 당신이 밥을 할 건가요 내가 밥을 할 건가요?

你做饭*还是*我做饭?　　　　~~你还是我做饭?~~

b. 당신이 사장인가요 제가 사장인가요?

你*是经理还*是我是经理?　　~~你还是我是经理?~~ (经理[jīnglǐ])

② 부사어에 대하여 질문할 경우 같은 성분을 생략할 수 없다. 예를 들면

a. 당신이 우연히 여기 왔나요 늘 여기 오나요?

你*是*偶然来这儿*还是*经常来这儿?　~~你是偶然还是经常来这儿?~~

(偶然[ǒurán])

b. 당신은 집에서 사무 보나요 회사에서 사무보나요?

你*是*在家办公*还是*在公司办公?　　~~你是在家还是在公司办公?~~

선택의문문의 대답형식은 시비의문문과 같다. 긍정형식과 부정형식이 존재한다.

35 Q: 你吃米饭*还是*吃饺子?　(밥을 먹을 건가요 물만두를 먹을 건가요?)

A_1: 吃米饭。/吃饺子。

A_2: 不吃米饭。/不吃饺子。

36 Q: 你*是*偶然来这儿*还是*经常来这儿?

A_1: 偶然来这儿。/经常来这儿。

A_2: 不是偶然来这儿。/不经常来这儿。

37 Q: 你*是*要茶, 咖啡, 果汁儿?

A_1: 要茶。/要咖啡。/要果汁儿。

A_2: 要茶和咖啡。/要咖啡和果汁儿。

예문 (34-35)처럼 긍정형식의 답은 선택사항 중 하나를 선택하면 되고, 부정형식은 선택사항에 부정부사를 동반하면 된다. 그러나 (36)의 경우 일반적으로 긍정형식답만 필요로 한다. 선택사항 중 하나 혹은 둘을

선택할 수 있다. 선택사항 전부를 부정하려면 극치에 대한 부정형식 '什么都不要'를 사용하면 된다.

1.2.3 특수의문문

특수의문문은 6개 문장성분에 대한 질문을 의문대명사를 사용하여 질문하는 의문문이다. <도표-1>은 의문대명사들이다. 이 성분들이 주어, 술어, 목적어, 관형어, 부사어, 보어부분에 의문을 제기할 때 사용된다.

	의문대명사
① 사람을 가리킴	谁, 什么人, 哪个人/位
② 사물을 가리킴	什么, 什么东西, 哪件事/哪本书
③ 시간을 가리킴	几点, 哪天/月/年, 什么时候, 多长时间
④ 처소를 가리킴	哪儿, 什么地方
⑤ 수량을 가리킴	几, 多少, 多高/长
⑥ 원인을 가리킴	为什么, 因为什么, 什么原因/理由, 怎么
⑦ 상태, 방식을 가리킴	怎么, 什么方式, 怎们样

〈도표-1〉

① 화자의 특정지시에 대한 질문, 다시 말하면 주어 혹은 목적어에 대한 질문이다

38 a. *谁*给我打电话? (누가 나에게 전화했어요?)
b. *什么人*敢说这种话? (敢[gǎn] 어떤 사람이 감히 이런 말을 해요?)
c. 您是*哪位*? (당신은 누구세요?)
d. *哪个人*愿意接受这个任务? (接受[jiēshòu] 누가 이 임무를 흔쾌히 받아들이겠나요?)

예문 (37)의 기본의미는 사람을 가리키는 '谁'의 의미를 나타낸다. (37b-d)는 '谁'의 변형형식으로 보아도 된다. 화용론적인 표현 효과가 다른

다. '谁'가 중성을 나타낸다면 '什么人'는 부정적인 감성색채를 나타내고, '哪位'는 긍정적인 높임의 감정적 색채를 나타내고, '哪个人'는 부정적인 감성색채를 나타낸다.

② 사물에 대한 특정지시에 대한 질문, 주어와 목적에 대한 질문이다.

38 a. 你在找*什么*? (무엇을 찾고 있어요?)
b. *什么人*敢说这种话? (어떤 사람이 감히 이런 말을 해요?)
c. 你找我有*什么*事? (나는 무슨 용건으로 찾았어요?)
d. *什么东西*丢了? (丢[diū] 어떤 물건을 잃어버렸어요?)
e. 你想看*哪本书*? (어떤 책을 보려 하나요?)
f. *哪本书*是你的? (어떤 책이 당신 건가요?)

예문 (38)의 기본의미는 사물을 가리키는 의문대명사 '什么'의 의미를 나타낸다. (38c-f)는 '什么东西' 혹은 '什么事'로 사물에 대한 특정지시를 나타내는데 추상화 하면 '什么+구체적사물(물건)'과 '什么+추상적사물(용건)'으로 구분할 수 있다.

③ 시간의 특정지시에 대한 질문, 즉 시점 혹은 시간의 길이에 대한 질문이다. 예를 들면

39 a. 电影*几点*开演? (开演[kāiyǎn] 영화는 몇 시에 시작하나요?)
b. 你打算*哪天*出发? (어느 날에 출발할 예정인가요?)
c. 假期*什么时候*结束? (假期[jiàqī] 结束[jiéshù] 방학은 언제까지인가요?)
d. 你们休息*多长时间*? (休息[xiūxi]얼마 동안 휴식하나요?)

예문 (39a-b)는 시점을 나타내는 의문대명사를 사용하여 영화 시작시

간과 출발한 날자에 대한 질문 형식이고, (39c-d)는 시간을 나타내는 표지어 '时候'를 사용하여 언제부터 언제까지의 시간의 길이에 대한 질문형식이고, 시간을 나타내는 표지어 '时间'과 길이를 나타내는 '多长'표현과 함께 시간의 길이에 대한 질문 형식을 구성하였다. (39a-c)는 부사어에 대한 질문이고, (39d)는 보어에 대한 질문, 정확하게 말하자면 시량보어에 대한 질문이다.

④ 처소의 특정지시에 대한 질문; 즉 목적어, 부사어, 관형어, 보어에 대한 질문이다. 예를 들면

40 a. 你家在*哪儿*? (집은 어디에 있어요?)
b. 你*在哪儿*学习? (어디에서 공부해요?)
c. *什么地方*的西瓜最好吃? (어떤 곳의 수박이 가장 맛있나요?)
d. 你从学校骑到*哪儿*? (학교에서 자전거를 어디까지 타나요?)

예문 (40a-d)는 나타내는 의미는 모두 '哪儿'를 나타내지만 의문대명사 '什么地方'이라는 변형형식도 같은 의미를 나타내기에 치환하여 사용하여도 된다. (40a)는 처소를 나타내는 목적어에 대한 질문형식이고, (40b)는 전치사구를 구성하여 처소를 나타내는 부사어에 대한 질문형식이고, (40c)는 처소를 나타내는 관형어에 대한 질문형식이고, (40d)는 전치사구를 구성하여 처소를 나타내는 보어에 대한 질문이다.

⑤ 수량의 특정지시에 대한 질문

41 a. 对方有*几个人*参加谈判? (상대방는 몇 사람이 담판에 참석하나요?)
b. 这里能坐*多少人*? (여기에 사람이 얼마나 앉을 수 있어요?)
c. 你想要*多少*? (얼마가 필요해요?)
d. 你有*多高*?/你个子有*多少米*? (키는 얼마나 되요?)

e. 你*多大*?/您*多大年纪了*?/你*几岁*? (年纪[niánji])
=你有*多大*/您有*多大年纪了*/你有*几岁*? (岁[suì])
(나이는 어떻게 되나요?/연세가 얼마세요?/ 몇살이야?)

수량을 가리키는 의문대명사의 원형은 '几'와 '多少'이다. 일반적으로 '几'는 '10'이하를 가리키며, '多少'는 '10'이상을 가리킨다. 그러나 제외되는 부분도 존재한다. 예를 들면 하루는 24시간이고, 한달은 12개월이지만 시간과 달에 대한 질문은 위의 시간을 나타내는 부분에 언급하였듯이 '几点'과 '几月'를 사용하지만 '多少点'과 '多少月'는 사용하지 않는다.

예문 (41a)는 '10'이사하인 사람수에 대한 질문형식이고, (41b)는 '10'이상에 대한 사람수에 대한 질문형식이고, (41c)는 어떤 사물인지 혹은 사람인지는 불확일하지만 '10'이상에 대한 질문일 수도 있고, '10'이하에 대한 질문일 수도 있다. 그렇다면 '多少'를 사용할 때 화용론적 측면에서 화자가 '10' 이상인지 이하인지 불확실할 때 사용된다. (41d)의 '多高'는 수량의문대명사 '多少'에 형용사 '高' 혹은 '长/大/宽' 등과 결합하여 길이 단위의 수량을 나타내는 형식이다. 이형식을 추상화 하면 '多+형용사$_{길이}$'라 할 수 있다. (41d)가 키에 대한 질문이라면 (41e)는 나이에 대한 질문이다. 형식은 위에서 설명한 것과 같지만 '多大'에 '年纪'를 첨가하여 사용하면 높임의 의미를 나타내기에 윗사람의 나이를 질문 할 때 사용된다. 그리고 수량을 나타낼 때 동사 '有+나이/키' 등 수량을 나타내지만 일반적으로 사용하지 않아도 된다. 여기에서 '有'동사를 사용하여 표현하지만(불어에서 나이를 표시할 때도 'avir(有)'동사를 사용하며, 한국어는 '먹다' 동사로 나이를 표시하기도 한다), 동사 '有'는 많은 의미항목을 소유하고 있으며, 비교문에도 사용된다.

⑥ 원인의 특정지시에 대한 질문, 예를 들면

42 a. 她今天*为什么*没来上班? (上班[shàng//bān] 그녀는 오늘 왜 출근하지 않았나요?)

b. 她*因为什么*不高兴? (그녀는 무엇 때문에 안 기쁜데요?)

c. 这么做是*什么理由*? (이렇게 하는 것은 무슨 이유때문인가요?)

d. 你*怎么*了? (怎么[zěn·me] 무슨일이야? /어떻게 된 거야?)

e. 你*怎么搞的*?/你*怎么回事*? (怎么搞的[zěnmegǎode] 怎么回事[zěnmehuíshì]) (어떻게 된 일이야?/ 어떻게 된 거야?)

f. 你*怎么*没参加? (参加[cānjiā] 왜 참석하지 않았어?)

예문 (42a)의 '为什么'는 원인에 대한 원형적인 질문형식이고, (42b-c)는 원인에 대한 변형형식 혹은 파생형식이라고 할 수 있다. (42a-c)는 원인 혹은 이유만 질문한다면 (42d)는 사건의 전반과정에 대한 원인을 질문하기에 상세히 답해야 한다. (42e)는 원형형식 (42d)의 변형형식이고, (42f)는 (42a)와 같은 형식이고 치환하여 사용할 수 있다.

⑦ 방식의 특정지시에 대한 질문, 동작의 방식을 가리키기며 문장에서 부사어성분에 대한 질문이다. 예를 들면

43 a. 我们*怎么*去? (교통수단-우리 어떻게 가요?)

b. 我们*怎么*走? (길-우리 어떻게 찾아 가요?)

c. 这个问题*怎么*解决? (이 문제를 어떻게 해결하나요?)

d. 我们应该*用什么方式*对待他们? (什么方式[shén·me fāngshì] 对待[duìdài]) (우리 어떤 방식으로 그들을 대해야 하나요?)

e. 你们过得*怎么样*? (怎么样[zěn·meyàng] 어떻게 지냈어요?)

f. 今天天气*怎么样*? (오늘 날씨 어때요?)

예문 (43a)는 어떤 교통수단으로 가는가에 대한 질문이고, (43b)는 길을 찾아 어떻게 목적지까지 가는가에 대한 질문이다. 한국어에서는 길에 대한 질문과 교통수단에 대한 질문은 같은 형식을 나타내지만 교통수단일 경우에는 '무엇을 타고 가요'가 내포되어 있고, 길 찾기에는 '목적지까지 어떻게 찾아 가나요'가 내포되어 있다. (43c)는 '해결'하는 방식에 대한 질문이고, (43d)는 전치사구 '用什么方式'를 사용하여 대처하는 방식에 대한 질문인데, 여기서 '什么方式'는 단독으로 사용할 수 없고, 반드시 전치사 '用'을 사용하여야만 방식을 나타낼 수 있다. 예문 (43a-d)모두 동작의 방식에 대한 질문이기에 부사어에 대한 질문이라고 할 수 있다.

(43e-f)는 '怎么样'는 상태에 대한 질문형식이다. (43e)의 원형의미는 '지내는 것이 어때요?'가 '어떻게 지내요'로 굳어진 표현이고, 보어에 대한 질문이며, (43f)는 전형적인 상태에 대한 질문이고, 술어성분에 대한 질문이다. 두 문장은 모두 '형용사구(AP)'로 즉 '过得不错' '很冷' 처럼 답해야 한다. 왜 원형 형용사로 답하면 안되는 가는 기본문장형식 부분에서 상세히 기술하고 있다.

특수의문문은 질문한 성분에 대하여 답하면 된다. 여기에는 답이 긍정형식이나 부정형식으로 구분되어 있지 않는다.

1.2.4 반문의문문

반문문은 형식적으로 의문문이지만 내용면에서는 의문이 없으면서 질문하는 형식이다. 반문문이 나태는 의미는 화자의 부정적인 태도를 나타낸다. 자주 사용되는 표지는 '难道[nándào]……吗?'형식으로 구성되었다. 예를 들면

44 Q：对于这个人，你觉得应该帮助他吗？ (对于[duìyú] 帮助[bāngzhù])
(당신은 그를 도와 줘야 한다고 생각 합니까?)
A_1: 我不应该帮助他。 (저는 그를 도와주지 말아야 합니다)
A_2: 我*难道*该帮助他*吗*? (제가 그를 도와 줘야 한단 말인가요?)

(44Q) 질문에 대한 답 (A_1)는 서술문이고, 답 (A_2)는 반문의문문형식이다. 서술문은 부정의 의미를 나타내고, 반문의문문은 형식적으로 의문형식이지만 대답을 필요로 하지 않고, 그 질문 속에 답이 존재한다. 즉 부정적인 답을 나타내려면 '难道+S긍정형식+吗?', 긍정적인 답을 나타내려면 '难道+S부정형식+吗?' 사용하면 된다. 예를 들면

45 你*难道*不清楚*吗*? (清楚[qīng·chu])
=你是清楚的。 (명확하지 않다 말인가요?)

46 他*难道*不该照顾老人*吗*? (照顾 [zhào·gù])
=他应该照顾老人。 (노인을 보살펴주지 말아야 한단 말인가요?)

47 他*难道*敢打你*吗*? (당신을 감히 때린 단 말인가요?)
=他不敢打你。

48 你怎么*能*告诉他*呢*? (그에게 알려줘야 한단 말인가요?)
=你不应该告诉他。

예문 (45-46)은 반문문 표지 '难道……吗?'형식에 부정형식문장을 내포하였기에 전체 문장은 긍적의미를 나타내고, (47)는 그 반대이다. (48)는 반문형식의 또 다른 표지 '怎么……呢'/'怎么能……呢'이다. '怎么'처럼 의문대명사를 사용하여 반문문형식을 구성한 예는 아래와 같은 두 가지 형식이 있다.

① 시비의문문형식을 사용한 반문문

49 a. 难道他跑了吗? (그가 도망쳤단 말인가요?)

b. 我*能*不知道*吗*?我又不是瞎子。 (瞎子[xiā·zi])

=我*难道*不知道*吗*?我又不是瞎子。

(내가 모를 리가 있나요? 제가 장님도 아닌데)

c. 我帮了他，他还骂我，你说我*可气不可气*?

(그를 도왔는데 오리려 나를 욕하다니, 그럼 부아가 치밀지 않을 수 있나요?)

예문 (49a-b)는 '吗'를 사용한 시비의문문에 반문문 표지인 어기부사 '±难道'와 같이 사용하여 반문문을 구성하고, (49c)는 'X不X'를 사용한 시비의문문에 반문문 표지인 어기부사 '-难道'와 같이 사용하여 반문문을 구성할 수 있다. 예문 (49b-c)는 반문문 표지가 '±难道'인데 문맥에서 나타내는 의미가 반문임을 확인할 수 있기에 '难道'가 디폴트 된 것이다. 그러나 (49a)는 문맥상 반문문 표지 '难道'가 중요한 반문문의미를 나타내기에 디폴트시킬 수 없다.

② 특정지시의문형식을 사용한 반문문

50 a. 我能有*什么办*法呢?=你难道有什么办法*吗*?

(제가 무슨 수가 있겠어요?)

b. 我*怎么能*答应*呢*? =你*难道*能答应吗?

(答应[dā·ying] 제가 어떻게 들어줄 수 있겠어요?)

c. 我知道的话，*哪能*不告诉你*呢*? =*怎么能*不告诉你*呢*?=*难道*能不告诉你吗?

(제가 알고 있다면 어떻게 당신에게 알려주지 않을 수 있겠어요?)

예문 (50a)는 사물을 가리키는 의문대명사 '什么'를 사용하여 반문문형식을 구성하였고, (50b)는 방식을 나타내는 의문대명사 '怎么'를 사용하여 반문문형식을 구성하였고, 이것은 또한 반문문의 또 다른 표지로도 사용되기도 한다는 것을 위에서 이미 기술하였다. (50c)에서의 '哪'

는 처소를 가리키는 의문대명사가 아니고, '怎么'와 치환하여 사용할 수 있는 의문대명사이다. 특수의문대명사를 사용한 반문문은 문미에 반드시'呢'를 사용하여야 한다, 즉 '怎么……呢?'형식으로 구성되어야지, '怎么……吗'는 비문이다.

③ 선택의문문형식을 사용한 반문문

51 我*是*吃了你的，*还是*喝了你的？你竟然这样对待我。
(제가 당신 거 먹었어요, 마셨어요? 이렇게 저를 대하다니)

예문 (51)는 선택의문문표지 '是A还是B'를 사용한 반문문이다. 선택의문문자체가 의미적으로 반문의 어기를 나타낸다.

위와 같이 반문문은 일종의 특수한 의문문이지만 의미면에서 볼 때 반문문은 질문이 없으면서 의문형식을 취하였고, 형식으로 볼 때 위와 같은 3가지 유형의 특수의문문이 반문문으로 될 수 있다는 것을 알 수 있다.

그러면 반문문이 언어소통에서 왜 꼭 필요할까? 반문문이 서술문의 긍정의미와 부정의미를 나타낸다면 이 두 가지 표현에 어떤 차이가 있을까? 이미 알다시피 반문문은 서술문보다 특수한 의미를 지니고 있다. 그 특수한 의미는 아래와 같다.

ⅰ. 불만의 감정을 나타낸다.

52 a. 你这样做，对得起*谁*呀? (이렇게 하는 것이 남들에게 미안하지 않은가요?)
b. 你*怎么*告诉她了? (왜 그에게 알려 줬어요?)

(52a)는 특수의문대명사 '谁'를 사용하여 '모든 사람에게 미안하다' 혹은 '모든 사람에게 떳떳할 수 없다'를 나타내는 의미로서 화자의 불만적인 감정을 반문문을 통하여 표현하였고, (52b)는 원인을 가리키는 특수의문대명사 '怎么'를 사용하여 화자의 불만적인 감정을 반문문을 통하여 표현하였다.

ii. 재촉의 감정을 나타낸다.

53 a. 你*怎么*还呆在这儿*呢*? / 你*怎么*还呆在这儿?

(呆[dāi] 왜 아직도 여기에 머물고 있어요?)

b. 你*怎么*还不快跑*呢*?/你*怎么*还不快跑?

(왜 아직도 빨리 뛰지 않으세요?)

예문(53a)는 특수의문대명사 '怎么'를 사용하여 재촉의 의미를 나타내는 반문문 '여기를 일찍이 떠나야 한다'의 의미를 나타내고, (53b)도 특수의문대명사 '怎么'를 사용하여 재촉을 나태는 반문문 '빨리 뛰어야 한다'의 의미를 나타낸다.

iii. '일깨우다'의 의미를 나타낸다.

54 a. 我*不是*告诉过你*吗*?=*难道*我*不是*告诉过你*吗*?

(당신에게 알려주지 않았나요?)

b. 你*没看见*我正忙着*吗*? =*难道*你没看见我正忙着*吗*?

(내가 지금 바쁜 거 보이지 않나요?)

예문(54a)는 반문문형식 '不是……吗?'를 사용하여 '나한테 더는 묻지 마세요'라는 '일깨워주다'의 의미를 나타내고, (54b)는 시비의문문형식을 사용하여 '지금 바쁘니 너를 도와줄 수 없다'를 통하여 '너에게 도움을 줄 수 없다'를 '일깨워주다'의 의미를 나타낸다.

총체적으로 보면 반문문은 일부 특수의문대명사를 사용하여 구성된 반문이 있고, 또 '难道……吗?' '怎么能……呢?', '不是……吗?'를 사용한 반문문이 존재한다. 실제 응용에서 윗 예문에서 보다시피 일부 상황에서 어기사 '难道' 혹은 의문대명사 '怎么' 혹은 조사 '吗'나 '呢'가 디폴트 될 때가 있다. 디폴트 된다는 것은 묵인치이기에 다시 환원시킬 수 있다.

1.2.5 추측의문문

화자가 백퍼센트 확정할 수 없을 경우, 어기조사 '吧'를 사용하여 추측의문을 구성한다. 추측의문문은 두 가지 형식이 존재하다. 예를 들면

55 a. 她这会儿*该*回来了*吧*? (이때쯤이면 돌아올 때 되었죠?)
b. 将来的前景一*定*会不错*吧*? (将来[jiānglái] 前景[qiánjǐng]) (미래의 전망이 틀림없이 좋을 거죠?)
c. 他们*也许*还不知道*吧*? (그들은 아직 모르고 있죠?)

56 a. 她这会儿该回来了, *是吧*? (这会儿[zhèhuìr]) (그녀는 이때쯤이면 돌아와야 해요, 아닌가요?)
b. 将来的前景一定会不错, *对吧*? (미래의 전망이 틀림없이 괜찮을거요, 아닌가요?)
c. 他们也许还不知道, *是吧*? (그들은 아직 모를 거에요, 아닌가요?)

예문 (55a-c)는 'S+吧?'형식, (56a-c)는 'S, 是吧?'/ 'S, 对吧?' 형식으로 구성되었는데 두 유형이 나타내는 의미의 차이점은 (55)는 70에서 80

페센트 확신의 의미를 나타내고, (56)는 50퍼센트은 화자자신에게 말하고 50페세트는 청자에게 말하는 의미를 나타낸다.

1.2.6 생략의문문

어기조사 '呢'를 사용하여 구성된 의문문이다. 질문할 때 문장의 전체 성분을 모두 언급하지 않고 그 부분을 생략하여 질문하는 형식이다. 생략의문문에서 유의해야 할 점은 비생략된 부분은 비의문형식을 취해야 한다. 추상화하면 '비의문형식+呢'이다. 구체적으로 아래와 같은 2가지 유형이 존재한다.

① '명사성분+呢?' 형식

57 Q: 你最近身体怎么样? (最近[zuìjìn] 요즘 건강은 어떠세요?)
A : 不错。你*呢*? (괜찮다요. 당신은요?)

58 a. 我的帽子*呢*? =我的帽子*在哪儿*? (帽子[màozi] 제 모자는요?)
b. 妈妈*呢*? =妈妈*在哪儿*? (엄마는요?)

예문 (57-58)는 대명사 '你', 명사구 '我的帽子', 지칭명사 '妈妈'와 어기조사 '呢'가 결합하여 생략의문문을 구성하였다. (57)는 대화의 상대방의 말 중 '最近身体怎么样'를 생략하여 구성하였고, (58)처럼 제시한 문맥이 없을 경우 '呢'는 처소에 대한 질문의 의미를 나타내며, 명사성성분이 처한 위치에 대하여 질문하는 형식이다.

② '동사성분+呢?' 형식

59 Q: 你去的话，这个机会就给你。 (당신이 간다면 이 기회를 당신에게 줄게요)
A: 我不去*呢*? (제가 안 가면요?)

60 Q: **你最好还是去吧。** (**最好**[zuìhǎo] 당신이 가는게 좋을거 같아요)
A: **我不去*呢*?** (내가 안 간다면은?)

예문 (59-60)에서 알 수 있다시피 동사성성분으로 구성되었을 경우 중의적인 의미를 나타내기에 대화중에 발문으로 사용할 수 없다. (59A)가 답한 의미는 문맥에 따라 다르다. (59A)가 답한 의미는 '如果我不去的话, 你把这个机会给谁?(내가 가지 않는다면 너는 이 기회를 누에게 줄거야?)'이고, (60A)가 전달하고 싶은 답는 '如果我不去, 可以不可以?(만약 내가 가지 않아도 될까요?)'일 수도 있고, '如果我不去, 会把我怎么样?(내가 가지 않으면 나를 어떻게 할 건데요?)'일 수도 있다. 결론적으로 보면 생략의문문은 아래와 같은 2개 부분에 유의하면 된다. 하나는 대화에서 발화문에 사용할 수 없고, 둘째 문맥에 따라 전체 문장이 나타내는 의미가 다를 수도 있지만 '如果+비의문형식, ...' 와 같은 가설관계는 여전히 존재한다. 동사성성분에 '呢'를 첨가하면 가설의 의미를 내포하고 있다.

1.3 명령문

인간은 언어를 사용하여 사회를 이루는 집단으로서 질서를 유지를 위한 상하구조가 존재한다. 윗 사람이 아래 사람에게, 권력자가 비권력자에게, 나이든 사람이 어린 사람에게 향하는 하나의 언어 형식이다. 물론 평등한 관계에서도 명령은 존재하지만 언어적인 장치를 이용하여 어기를 완화시키기도 한다. 명령어기로는 원형 명령, 금지, 건의, 요구 혹은 부탁 등과 같은 어기들이 존재한다. 명령문을 구성할 때도 사용되는 언어적 표지가 존재한다.

명령문을 구성하는 형식은 아래와 같다.

①주어는 일반적으로 생략되며, 사용된다 하더라도 '你, 您, 你们'과 같은 2인칭대명사와 '咱们, 我们'와 같은 1인칭복수대명사만 가능하고, 1인칭 단수 '我'와 3인칭 대명사 '他, 他们'는 사용할 수 없다. 예를 들면

61 a. 过来。=你过来。/您过来。/你们过来。(와!)
~~我过来。他过来。他们过来。~~

②서술어는 일반적으로 동사성을 띤 성분으로 구성된다. 서술어로 되는 동사 혹은 동사구는 자주적인 동사여야 한다. 비자주적인 동사는 명령문에 사용할 수 없다.

자주적인 동사와 비자주적인 동사에 대한 설명

자주적(autonomous) 혹은 자립적(自立的)이란 인간의 주관 의식의 제약을 받는 동사를 일컬어 자주적인 동사라 하고, 그 반대로 인간의 주관 의식이 미치지 못하는 동작을 비자주적 동사라 한다. 이 두 종류의 동사를 구분하는 기준은 다음과 같다. 예를 들면

62 a. 想+买/看/说/工作
~~想+塌[tā]/丢[diū]/懂[dǒng]/忘[wàng]~~
b. 请+V자주一下------
*请*等一下 (좀 기다려 주세요)
*请*来一下 (좀 와 주세요)
*请*准备一下 (准备[zhǔnbèi] 좀 준비해 주세요)
*请*考虑一下 (考虑准备[kǎolǜ] (좀 고민해 주세요))
~~请病一下/ 请漏[lòu]一下 /请垮[kuǎ]一下 /请到达[dàodá]一下~~

예문 (62a)는 의지 혹은 의욕을 나타내는 조동사 '想'과 결합할 수 있는 동사, 이 구문에 사용할 수 있는 동사는 자주동사이다. 자동동사여부는 '想+V자주'구문으로 판단할 수 있다. 비자주동사는 이런 구문에 사용할 수 없다. (62b) 처럼 '请'을 사용한 구문 '请+V자주+一下'에 사용될 수 있는 동사는 자주동사이다. '请……一下'구문에 사용될 수 없는 동사는 비자주동사이다. '塌[tā], 丢[diū], 懂[dǒng], 忘[wàng], 病[bìng], 漏[lòu], 垮[kuǎ], 到达[dàodá]' 와 같은 동사들은 인간의 주관의식 혹은 의지와 상관 없기에 이런 동작들의 행위는 사물에 작용되지 않는다.

명령문을 구성하는 동사는 자주동사이며, '请+V자주+一下'구문에 사용하여 명령문을 구성한다. 그외에 동사적 성격을 띤 일부 형용사들이 존재 한다. 이런 동사성을 띤 형용사들은 (61a)처럼 홀로 명령문을 구성할 수 없기에 반드시 '请+A동사성+一点儿' 혹은 'A동사성+一点儿' 구문을 이용하여 명령문을 구성한다. 예를 들면

63 高兴一点。= *请高兴一点*。(좀 기뻐해 주세요)
快一点。=*请快一点*。(좀 빨리해 주세요)
痛快一点。=*请痛快一点*。(痛快[tòng·kuai] 좀 마음껏 즐겨 주세요)
虚心一点。=*请虚心一点*。(虚心[xūxīn] 좀 겸손해 주세요)
老实一点。=请老实一点。(老实[lǎo·shi] 좀 솔직해 지세요)

위의 구문에서 '一点'는 '请+A동사성+一点儿'의 변형형식이며, '请+A동사성+点儿'와 같은 변형형식도 존재한다.

명령문을 구성한 문법적 표지를 살펴보면 원형은 당연히 자주동사를 사용하고 감탄부호, 느낌표 '!' 혹은 마침표 '。'를 사용한다.

64 a. 滚！/出去！/说！ (꺼져!/나가!/말해!)

b. *给我*滚！/*给我*出去！/*给我*说！(滚[gǔn] 꺼져!/나가!/말해!)

c. *请*读*一下*！/*请*休息*一下*！/*请*认真*一点*！/*请*安静*一点*！ (좀 읽으세요!/좀 휴식하세요!/좀 열심히 하세요!/좀 조용히 하세요!)

d. 试试*吧*！/听听*吧*！/动动*吧*！ (좀 시도해 보세요!/좀 들어 보세요!/좀 움직여 보세요

睡睡*吧*=睡睡觉*吧*！ (睡觉[shuì//jiào] 좀 자세요!=잠 좀 자세요)

散散吧！散散步*吧*！ (散步[sàn//bù]) 산책 좀 하세요)

e. 慢慢儿*的*！ ([mànmānér de] 천천히 하세요)

悄悄儿*的*！ ([qiāoqiāor de] 조용히 하세요)

f. *把*垃圾倒掉。 (垃圾[lājī] 倒掉[dǎodiào] 듣기 쓰레기를 버리세요)

*把*玻璃擦干净。 (玻璃[bō·li] 擦[cā] 유치창을 닦으세요)

*把*作业写完。 (숙제를 다 하세요)

예문 (64a)는 명령문의 원형형식이다. 대부분 언어가 이와 같은 형식을 취한다. 한국어는 '가!/해!'와 같이 축약형식을 취하여 명령을 나타내지만 중국어는 원형으로 표시된다. (64b)는 전치사구 '给我'에 자주동사 원형과 결합하여 명령문을 나타내는데, 여기서 '给我'는 명령문의 문법적 표지이다. 추상화하면 '给我+$V_{자주}$' 구문을 구성하여 명령을 나타낸다. 여기에서의 '给我'는 '我'가 명령을 '받는게'아니다. 고대중국어에서부터 많은 변화를 거치면서 굳어진 형식이라고 보면 좋을 것 같다. 현대중국어로 풀이하자면 '为我'라는 의미가 조금 존재한다. (64c)는 (62b)의 설명을 참조하기 바란다.

(64d)는 중첩을 사용하여 명령문을 구성하였다. 여기서 조사는 '±吧' 형식으로 존재할 수 있다. '睡觉, 散步'와 같은 이합동사는 두 성분의 결합정도에 따라 위와 같이 '睡觉'는 '睡睡' 혹은 '睡睡觉'와 같은 중첩

형식으로 사용할 수 있지만, '散步'는 '散散'으로는 사용되지 않고 '散散步'로만 중첩형식이 사용될 수 있다. 이합동사는 2음절 동사의 중첩형식과 다르다. 2음절동사의 중첩형식은 '研究-研究研究/学习-学习学习'처럼 'ABAB'형식으로 추상화 할 수 있지만 이합동사는 특수한 형식의 동사 그룹이다. 이합사의 명칭대로 2개의 구성성분 'AB'가 원형으로 존재할 경우 이합동사 혹은 이합사라 칭하고, 중첩형식도 앞에 위치한 동사성 성분을 중첩하여 'AAB'형식으로 추상화 할 수 있다. 이합동사의 구성성분 'AB' 사이에 다른 성분이 삽입 될 경우 구로 볼 수 있다. 즉 ''睡觉'-睡了一天觉(잠을 하루 잤다)/散步-散了两天步(산책을 이틀 했다)/请客-请同学们的客(학우들에게 한턱을 냈다)'처럼 동목구인 단어결합으로 간주한다.

(64e)처럼 부사어성분이 될 수 있는 일부 형용사는 '慢-慢慢儿的/悄-悄悄儿的/好-好好儿的'처럼 중첩형식 'AA儿'에 어기조사 '的'를 사용하여 명령문을 구성된다.

(64f)는 '把'자문을 사용한 명령문 형식이다. 알다시피 '把'자문의 문법적의미는 '처치(disposal)'를 나타낸다. '처치'의미 자체에 이미 명령이 내포되어 있다. (64b)형식은 '把'자문의 변형형식이다. 특수문장형식에서 다루겠지만 '给我+V'는 '把'자문의 형식 중 하나인 '把NP+给(我)+VP/VR'에서 파생된 것이다. 이 문형은 고대중국어가 현대중국어에 남겨진 화석이라고 할 수 있다.

어기의 강도에 따라 명령문의 스펙트럼은 다양하며, 강도의 강약에 따라 직설명령문, 금지명령문, 건의명령문, 요구명령문/청구명령문으로 구분할 수 있다.

ⅰ. 직설명령문

청자에게 어떤 일을 하도록 명령할 때 사용한다. 화자의 어기는 직설적이며 상의할 여지가 전혀 없다. 강도가 가장 강하며, 형식은 다양하다. 예를 들면

65 a. 滚[gǔn]! (꺼져!)
b. 出去! (나가!)
c. 给我进去! (들어가!)
d. 把箱子抬进来! (抬[tái] 박스를 들고 들어오세요)

명령문의 특징은 (65)처럼 비교적 짧은 것이 특징이다.

ⅱ. 금지명령문

금지명령문은 명령문의 부정형식이라고 보면 된다. 금지를 나타내는 부정부사와 함께 사용하여 구성된다. 예를 들면

66 a. *别*说话! (말 하지 마!)
b. *不要*动! / *不要*轻举妄动[qīngjǔwàngdòng]!
(움직이지 마! / 경거망동하지마!)
c. *不许*拍照! (拍照[pāi//zhào] 사진 찍지 마세요)
d. *禁止*吸烟[jìnzhǐxīyān]! (흡연금지)
e. *请勿*鸣笛[qǐngwù míng//dí]]! (경적을 울리지 마세요!)

예문 (66a-c)는 부정부사 '别'와 금지를 나타내는 구 '不要'와 '不许'로 구성된 금지명령문이며 '别+V' 혹은 '不要/不许+VP'로 추상화 할 수 있고, (66d)의 금지성 단어 '禁止'와 '请勿'는 캠페인 혹은 표제성 용어로 사용될 때가 많고, '禁止'는 단호함을 나타내고, '请勿'는 고어체이다.

iii. 건의명령문

건의성 명령문은 상대방에게 어떤 일을 시키거나 하게끔 할 때 사용되는 명령문의 일종이다. 예를 들면

67	a. 你试试*吧*。	(试试[shìshi] 당신이 좀 해 보세요)
	b. 咱们走*吧*。	(우리 갑시다)
	c. 先休息一*会儿*。=先休息一*会儿吧*。	(먼저 좀 휴식해요)
	d. 你最好去看一*下*。=*请*你最好去看一*下*。	(좋게는 한번 가 보세요)
	e. *该*回去*了*。	(돌아 가야죠)

(67a-b)는 어기조사 '吧'를 사용하여 상의를 나타내는 건의성 의미를 내포하고 있기에 어기의 강도 면에서 보면 완곡하여 청자가 쉽게 받아들인다. (67d)는 바램을 나타내는 부사 '最好'를 사용하여 건의성 명령문을 구성하였고, (67e)는 필요를 나타내는 조동사 '该'를 이용한 '该……了'구문을 이용한 건의성 명령문이다.

iv. 요구명령문/청구명령문

상대방에게 어떤 일을 해 주게끔 요구하는 명령문의 일종이다. 화용론적 면에서 가장 협조적이고 가장 완곡한 형식의 명령문이다.

68	a. *请帮我*照张相。	(사진 좀 부탁합니다/사진 좀 찍어 주세요)
	b. *请帮帮*忙!	(좀 도와주세요)
	c. *劳驾*, 让让路。	(劳驾[láojià] 让路[ràng//lù] 여기요, 길 좀 비켜주세요)
	d. *麻烦您帮我*看一下东西。	(송구스럽지만 이 물건 좀 봐 주세요)

예문 (68a-b)는 부탁의 의미를 나타내는 동사 '请'를 사용하여 구성된 명령문이고, (68c)는 상대방을 칭할 때 혹은 부탁할 때 사용되는 전문

용어 '劳驾[láojià]'를 사용하여 상대방을 호칭하거나 상대방의 주의를 집중시킬 때 사용되는 용어로서 한국어에서는 '여기요' 혹은 '실례합니다', 영어에서 'excuse me'와 같은 용어이다. 이런 용어를 사용하여 요구성 명령문을 구성하였고, (68d)도 상대에게 요청하거나 청구할 때 사용하는 전문용어 '麻烦您'를 사용하여 명령문을 구성하였다. 이와 같이 상대방에게 사용되는 전문용어들은 화용론적 면에서 겸손을 나타내거나 예의 있음을 나타낸다. 상대방 높임을 나타내는 이인칭 대명사 '您'에서 더욱 잘 드러난다.

1.4 감탄문

인간이 가지고 있는 본인의 느낌을 표현하는 문장을 감탄문이라 한다. 감탄문은 자기의 느낌이기에 주어가 생략된다. 감탄문에도 사용되는 표지들이 있다. 예를 들면

69 a. *太*漂亮*了*！/*可*漂亮*啦*！ (너무 예쁘네요! / 정말 예쁘네요!)
b. *真*高兴！ / *真*高兴*啊*！ (정말 기뻐요)
c. *多么*壮观*啊*！ (얼마나 스펙터클해요!)
d. *可真*不错*啊*！ (정말 괜찮네요!)
e. *好*大的风啊！/*好*香啊！=*好*香的咖啡啊！=*好*香的米醋啊！
(엄청 센/큰 바람이네! /엄청 고소하네/맛있네!
= 엄청 맛있는 커피향이네= 엄청 깊은 맛나는 식초네)
f. *呵*！我亲爱的祖国！/ *唉*! (生活真艰难啊！)/*嘿*！(做得真不错！)
(아! 나의 사랑하는 조국이여! / (아이구, 삶이 정말 고단하네/밥 먹고 살기 참 힘들다! / 이봐, 정말 잘 했네!)
g. *天哪*！/我的*天哪*！/你的天哪！ (어머나! 맙소사! 하느님/부처님/예수님/조상님!)

예문 (69)처럼 감탄은 늘 '太, 可, 真, 多么, 可, 可真, 好'와 같은 정도부사를 사용하여 구성되며, 문미는 표점부호 '!' 느낌표를 사용한다. (69a)는 '太+A+了'와 '可+A+啦'구문으로 구성되었다. 여기에서 어기조사 '啦'는 '了+啊-l+a=la' 변형형식 즉 '了(le)'의 성모와 '啊(a)'의 운모가 결합하여 생성된 음절이다, (69b)는 '真+A±啊'구문으로 구성되었고, 이 구문은 현장에서 만 사용가능하며, (69c)는 부사 두개를 함께 사용하여 '可真+A±啊'구문을 구성하였고, (69e)는 부사 '好'를 사용하여 '好+A+的±N+啊!' '好+A+啊!' 구문을 구성하였다. 여기에서 명사성분을 '±N' 할 수 있다는 것은 중의성이 생길 경우 명사를 반드시 사용하여야 한다. '好大啊!' 라는 문장에서 감탄을 하는 것이 사람인지, 건물인지, 내리는 비 혹은 눈인지, 바람인지 명확하지 않기에 명사를 사용하였다. 그러나 '好香啊'는 하나의 범주 즉 먹는 범주를 가리키기에 명사를 사용하지 않아도 된다.

'±'에 대한 설명이 자주 나오게 되는데 '+'는 표지를 가짐을 나타내고, 혹은 중의성을 없애기 위하여 사용할 때가 있고, '-'일 경우 표지사용이 없음, 혹은 그 성분을 생략하여도 의미변화가 없을 경우를 가리킨다.

(69f)는 감탄사 '呵[hē], 唉[āi], 嘿[hēi]' 등을 사용하여 구성된 감탄문인데, 이런 감탄사를 사용하게 되면 뒤에 나오는 내용을 생략해도 된다. 예문의 괄호를 친 부분은 생략하여도 된다. 이런 내용들은 대화에서 은연중에 내포되어 있기때문이다. (69g)는 고정적인 감탄형식이다. 문화에 따라 이런 고정적인 형식은 조금씩 다르다. 하늘 천 '天'에 대한 이미지가 고대로부터 중국인의 의식 속에서 '모든 것'을 가리키기에 이런 용법이 존재한다. 비슷한 용법은 한국어에도 존재한다. 감탄할 때 엄마를 사용하는 것 즉 '妈呀!'도 있다. 이것은 '天哪'의 변형이라고 할 수 있다. 1인칭대명사로 '我的(나의)'는 사용할 수 있으나 2인칭 '你的(너의)'는 사용할 수 없다. 표현 효과는 인칭대명사가 있든 없든 차

이는 없다.

1.5 문장유형의 관계

네가지 문장유형 즉 서술문, 의문문, 명령문, 감탄문 간에 일정한 연관성이 존재한다.

① 서술문에 의문문을 내포하고 있는 경우, 그러나 전체 문장은 서술문이다. 예를 들면

70 a. 我想知道*你什么时候回来*。 (나는 네가 언제 돌아오는지 알고 싶다)
b. 我不知道*他是哪国人*。 (나는 그가 어느 나라 사람인지 모른다)
c. 我真搞不清楚*他们为什么这么干*。(搞清楚[gǎoqīng·chu])
(나는 그들이 왜 이렇게 하는지 정말 모르겠다)
我怀疑*他是不是真的有这个能力*。(怀疑[huáiyí])
(나는 그가 정말 이런 능력이 있는지 의심스럽다)

예문 (70)에서 서술문 문장 'S+V+O' 성분 중 목적어 성분 'O'에 의문문을 내포하고 있음을 알 수 있다. (70a-d)의 주어는 '我'이고, 술어부분은 '想知道(알고 싶다)'는 조동사와 동사가 '想+V'인 동사구로 구성하여 술어성분이 되었고, '不知道(모른다)'는 부정부사와 동사가 '不+V'인 동사구를 구성하여 술어성분이 되었고, '真搞不清楚(정말 모르겠다)'는 부사와 동보구 '真+V不R'인 동사구를 구성하여 술어성분이 되었고, '怀疑[huáiyí](의심하다)'심리동사가 술어성분이 되었다. 이와 같은 문장의 술어성분의 특징은 이런 술어성분 뒤에 동태조사가 '了, 着, 过'를 첨가할 수 없다는 것이다. 예문 (72)참조하기 바란다.

이런 문장 유형의 특징은 바로 목적어 성분이 의문문으로 구성되었

다는 것이다.

71 a. 你*什么时候*回来? (특수의문문)
b. 他是*哪国*人? (특수의문문)
c. 他们*为什么*这么干? (특수의문문)
d. 他*是不是*真的有这个能力? (시비의문문)

(71a)는 시간을 가리키는 특수의문대명사 '什么时候'를 사용한 특수의문문이고, (71b)는 처소를 가리키는 특수의문대명사 '哪'를 사용한 특수의문문이고, (71c)는 원인을 가리키는 특수의문대명사 '为什么'를 사용한 특수의문문이고, (71d)는 'X不X'를 사용한 시비의문문이다. 이런 특수의문문이 서술문의 목적어성분이 된 것, 즉 '$S+V+O_{의문문}$'으로 추상화 할 수 있다. 이 추상화된 문장이 바로 예문 (70a-d)이다. 이런 서술문은 일반서술문과 차이점이 있다. 술어 뒤에 그 어떤 성분도 첨가할 수 없다, 예를 들면

72 a. 我想知道*你什么时候回来*。 ~~我想知道*了*你什么时候回来~~。
b. 我不知道*他是哪国人*。 ~~我不知道*了*他是哪国人~~。
c. 我真搞不清楚*他们为什么这么干*。 ~~我真搞不清楚*过*他们为什么这么干~~。
d. 我怀疑*他是不是真的有这个能力*。 ~~我怀疑*着*他是不是真的有这个能力~~。

이런 유형의 문장은 서술문 유형에 속하기에 문미 문장부호는 '。' 마침표를 사용하여야 하고, 문미는 폴링 인토네인션으로 읽어야 한다. 특수의문대명사는 읽을 때 스트레스 혹은 강세로 읽어야 한다. 스트레스로 읽어줌으로서 문장의 초점임을 나타낸다. 목적어가 의문문이 아닌 성분을 사용하면 아래와 같은 형식으로 변형할 수 있으며, 나타내는 의미는 의문문을 사용한 문장과 비슷하다.

73 a. 我想知道*你什么时候回来*。 (나는 너가 언제 돌아오는지 알고 싶다)
=我想知道*你回来的时间*。 (나는 너 돌아오는 시간을 알고 싶다)
b. 我不知道*他是哪国人*。 (나는 그가 어느 나라 사람인지 모른다)
=我不知道*他的籍贯[jíguàn]*。 (나는 그의 본적/출생지을 모른다)
c. 我真搞不清楚*他们为什么这么干*。 (나는 그들이 왜 이렇게 하는지를 정말 모르겠다)
=我真搞不清楚*他们这么干的原因*。 (나는 그들이 이렇게 하는 이유를 정말 모르겠다)
d. 我怀疑他是不是*真的有这个能力*。 (나는 그가 정말 이런 능력이 있는지 의심한다)
=我怀疑*他的能力*。 (나는 그의 능력을 의심한다)

② 의문문형식을 사용하여 명령문의 의미를 니디낸다. 예를 들면

74 a. 您能帮我一下*吗*? (저 좀 도와 주실 수 있나요?)
b. 我用一下电话，*可以吗*? (전화 좀 써도 되나요?)
c. 我可以问一个问题*吗*? (질문 하나 해도 되나요?)

이부분은 명령문 유형에서 다룬부분이다. (74a)는 의문문 형식 'S+吗'을 사용하였지만 내부는 부탁성 의무를 나타내는 구문 '您能帮我+……'를 사용하여 요청성 명령문 혹은 청구명령문을 나타내고, (74b)는 허가의 의미를 나타내는 조동사 '可以'와 의문문표지 '吗'를 사용하고, 명령문 형식인 '동사+一下'를 사용한 요구명령문이고, (74c)도 '可以……吗?'의문문형식을 이용한 요구명령문이다. 아래의 두 문장을 비교하여 보면 그 차이점이 더 명확해 진다. 예를 들면

75 a. 请帮一下忙。
b. 能帮一下忙吗?

예문 (75a-b)는 모두 명령문 형식 '동사+一下'를 사용하였지만 (75a)는 직설적인 명령이고, (75b)는 'S+吗?'인 의문문형식을 사용한 명령문이다. 이렇게 의문문형식을 사용하면 상대방에게 완곡한 요구 혹은 청구 표현으로 전달되기에 의사소통에서 상대방에게 생각의 여지를 준다.

③ '동사+什么±목적어'를 사용한 명령문

76 a. *哭什么*? /你*哭什么*? (哭[kū] 울긴 왜 울어?)
b. *买什么电脑*? (사기는 뭐 컴퓨터 사?)

(76a)는 사물을 가리키는 특수의문대명사 '什么'를 사용한 의문문인데, 나타내는 의미는 금지명령문의 의미이다. 즉 '别+V' 혹은 '不要+V'의 의미를 나타낸다. 한국어도 똑 같은 표현이 존재하는데 예를 들면 '울긴 왜 울어?'에서 형식은 의문형식이지만 나태는 의미는 '울지마'처럼 금지명령문의 의미를 나타낸다. (76b)는 직역하면 '사기는 무엇을 사?'가 나타내는 의무는 금지명령문의 의미 '사지마'이다. 중국어도 (76b)는 '不许买电脑(컴퓨터사지마)'와 같이 금지명령문의 의미를 나타낸다. 이와 같이 금지명령문은 상대방의 어떤 상황이나 의견을 반대할 때 사용된다. 어기는 강하지만 태도는 엄숙하지 않기에 입말에서 사용된다.

77 상황1. (말싸움을 듣다가 하는 말)
你*吵什么*? (다투기는 왜 다퉈? / 다투기는 뭐 다퉈?)
상황2. (무엇인가를 두드리는 소리를 듣고 하는 말)
敲什么? (敲[qiāo] 두드리긴 왜 두드려? / 치긴 뭐 쳐?)

78 Q: 爸爸，我想去看电影。(아빠, 영화 보러 가고 싶어요)
A: *看什么*电影！ 你的功课还没做完呢。(功课[gōngkè])
(영화는 무슨 영화! 숙제도 다 마치지 못 했잖아)

79 Q：咱们再等一会儿吧。(우리 좀 더 기다리자)

A: *等什么*！ 快走吧。(기다리긴 뭐 기다려! 빨리 가자.)

80 Q：这个问题再讨论一下吧。(이 문제를 한번 더 논의해 봅시다)

A: *讨什么论*！ 就这么决定了。(논의는 무슨 논의! 이렇게 결정해요)

예문 (77)는 모두 상황이 주어지고 청자나 화자가 싫어하는 상황인 경우에 'V+什么?'를 사용하여 '그민해'라는 금지명령문 의미 즉 '싸우긴 왜 싸워' 혹은 '싸우지 마', '두드리긴 왜 두드려?' 혹은 '두드리지 마'와 같은 금지의 의미를 나타내고, (78)에서 숙제도 다 완성하지 않고 '영화는 무슨 영화?' 혹은 '영화 보지 마'와 같은 금지의 의미를 나타내고, (79)도 마찬가지로 시간이 없으니 '기다리긴 왜 기다려?' 혹은 '기다리지 말고 빨리 가자!'와 같은 금지의 의미를 나타낸다. 이런 형식이 입말에 사용되기에 1음절 동사를 사용하는 것이 대부분이지만, 2음절 동사 혹은 이합동사을 예문 (80A)처럼 사용할 경우도 있다. 2음절 'AB'성분 사이에 '什么'를 사용하여 즉 'A+什么+B'와 같은 구문을 형성하여 명령문의 의미를 나타낸다. '토론-토론은 무슨 토론' 즉 '토론하지마' 처럼 금지명령의미를 나타낸다. 이합동사인 경우 '吵架-吵什么架(다투기는 왜 다퉈)', '生气-生什么气(화내긴 왜 화내)' '请客-请什么客(한턱내긴 무슨 한턱 낸다고)', '上课-上什么课(수업은 무슨 수업)'와 같은 형식을 사용하여 금지명령의 의미를 나타낸다.

Chapter

2 중국어기본문장형식이란?

문장형식이란 문장의 구조적인 형식측면에서 문장에 대한 기술이다. 문장형식은 문장의 구조 패턴이며, 패턴(pattern)이라 함은 반드시 개괄된 추상적인 형식을 가리킨다. 우리가 흔히 말하는 중구어패턴은 "S+V+O"로 개괄 할 수 있다. 이것은 기본문장형식을 추상화한 것이고, 특수문장형식은 3장에서 배울 것이다. 우리는 기본문장형식을 5가지 유형으로 구분하였다. 이렇게 구분하는 기준은 술어부분에 의존하였고, 술어가 어떤 품사로 구성되었고, 어떤 구로 구성 되었는가를 중심으로 기술하려 한다.

2.1 S+V자

이 문장형식 "S+V자"은 술어가 자동사로 구성된 문장형식이다. 즉 "S+V자-O"로 추상화 할 수 있으며("-O"와 같은 마이너스 Object는 목적를 동반하지 않음을 표시한다. 여기서 "S(subject)"는 주어를 가리키고, "V(verb)"는 동사를 가리키며, "V자"는 자동사를 가리킨다. 이런 자동사들은 원칙상 직접목적어를 동반할 수 없다. 그러나 실제 상황에서 타동사적 용법을 가지고 있는 자동사도 있다. 예를 들면

1 a. 他们休息了。 (그들은 휴식 했다)

b. 雨停了。 (停[tíng] 비가 멈췄다)

c. 客人走了。 (손님이 갔다)

d. 孩子睡觉了。 (어린이가 잠 들었다)

예문 (1a-c)처럼 "休息, 停, 走"는 직접목적어를 동반 할 수 없다. 이와 같은 범주에 속하는 자동사로는 아래와 같다. 예를 들면

丢[diū]잃다, 일어버리가	忘[wàng]잊다, 망각하다
塌[tā]넘어지다, 무너지다, 내려앉다, 붕괴하다	病[bìng]병나다, 앓다
漏[lòu]새다, 빠지다,	死[sǐ]죽다, 사라지다
失败[shībài]실패하다, 패배하다	到达[dàodá]도착하다, 도달하다
过来[guò//·lái]이리오다	出去[chū·qù]나가다, 외출하다

이런 유형 동사의 동작이 사물에 작용하지 않기에 목적어를 동반할 수 없다. (1c)의 "走"와 같은 자동사범주에 속하는 동사로 "来"가 있고, (1d)의 "睡觉"와 같은 자동사범주에 속하는 동사로는 아래와 같은 이합사들이 있다. 예를 들면

见面[jiàn//miàn]만나다, 대면하다	结婚[jié//hūn]결혼하다
毕业[bì//yè]졸업하다	帮忙[bāng//máng]도와주다
请客[qǐng//kè]한턱내다, 손님을 초대하다	会客[huì//kè]손님을 만나다
生气[shēng//qì]화내다/ 성내다	旷课[kuàng//kè]무단결석하다
放心[fàng//xīn]마음을 놓다, 안심하다	散步[sàn//bù]산책하다
发火[fā//huǒ] 화를 내다/성내다	跳舞[tiào//wǔ]춤을 추다

吵架[chǎo//jià]말다툼하다/다투다
上学[shàng//xué]등교하다, 학교 다니다
上班[shàng//bān]출근하다
上课[shàng//kè]수업하다
上任[shàng//rèn]부임하다, 취임하다
关门[guān//mén]문을 닫다, 폐업하다
唱歌[chàng//gē]노래를 부르다
洗澡[xǐ//zǎo]목욕하다
道歉[dào//qiàn]사과하다/사죄하다
鼓掌[gǔ//zhǎng] -박수를 치다
开幕[kāi//mù]개막하다
就业[jiù//yè]취직하다, 취업하다
就职[jiù//zhí] 취임하다
移民[yí//mín]이민하다
出差[chū//chāi]출장가다
落户[luò//hù]정착하다, 자리잡다
登陆[dēng//lù]상륙하다, 론칭하다
出丑[chū//chǒu]추태를 보이다/망신하다/체면을 잃다
丢人[diū//rén]체면이 깎이다/망신하다/창피를 당하다
成交[chéng//jiāo]거래가 성사되다/매매가 성사되다
扫兴[sǎo//xìng]흥이 깨지다/흥취가 사라지다
劳驾[láo//jià]폐를 끼치다/발걸음시키다/왕림하다

이런 유형의 동사를 중국어문법체계에서 이합동사 혹은 이합사(离合动词/离合词)라 칭한다. 이런 이합동사는 2음절 “AB” 두 성분의 결합정도에 따라 3개 단계로 구분할 수 있다. 즉 “동작성+명사성”으로 이루어진 이 두 성분의 결합 강도가 다르다는 의미이다. 결합강도에 따라 두 성분사이에 삽입 할 수 있는 성분들이 다른다.

이합동사를 사용함에 있어서 아래와 같은 특징에 유의하여야 한다.

① 목적어를 동반할 수 없다. 만약 이합동사가 나타내는 행위가 한 대상에 미친다면 아래와 같이 추상화 할 수 있다. "전치사+목적어+이합동사"을 다시 부호화 하면 "PP+$V_{이합사}$"며 예를 들면

2 AB–PP+AB

a. 见面–*跟朋友*见面 ~~见面朋友~~ (친구와 만나다)
b. 生气–*跟他*生气 ~~生气他~~ (그에게 화를 내다)
c. 毕业–*从大学*毕业 ~~毕业大学~~ (대학을 졸업하다)
d. 道歉–*向对方*道歉 ~~道歉对方~~ (상대에게 사과하다)
e. 鼓掌–*为演员*鼓掌 ~~鼓掌演员~~ (배우에게 박수를 보내다)
f. 帮忙–*给他*帮忙 ~~帮忙他~~ (그를 도와주다)

예문 (2a)는 전치사구(PP) "跟朋友, 跟他, 从大学, 向对方, 为演员, 给他" 가 이합동사 "见面, 生气, 毕业, 道歉, 鼓掌, 帮忙"의 대상을 나타낸다. 이런 대상을 이합사 뒤에 위치하면 "~~见面朋友~~" 비문이 된다.

3 AB–A+N的+B

a. 见面–见*他的*面=见他一面 ~~见面他~~ (그를 만나다)
b. 生气–生*他的*气 ~~生气他~~ (그한테 화를 내다)
c. 丢人–丢*我的*人 ~~丢人我~~ (나를 망신시키다/내 쪽이 팔리다)
d. 出丑–出*我的*丑 ~~出丑我~~ (나를 망신시키다/내 체면을 잃게하다)
f. 帮忙–帮*他的*忙 ~~帮忙他~~ (그를 도와주다)
g. 扫兴–扫*我的*兴 ~~扫兴我~~ (내 흥을 깨다)
h. 劳驾–劳*你的*驾 ~~劳驾你~~ (당신에게 신세를 지다)

예문 (3a-h)는 이합동사가 미치는 대상을 이합동사를 구성하는 두 성분 사이에 삽입하여 구성한 형식이다. 이것을 추상화 하면 "A+대상+的+B"이다. 이 형식을 지키지 않으면 "~~见面他~~"처럼 비문이 된다.

이합사는 단어와 구 사이에 놓인 문법적 단위로서, 일부 이합동사는 목적을 동반하는 경향이 있다. 이런 현상이 가장 먼저 입말에 사용되다가, 신문 등에 쓰이기 시작하면서 하나의 구조를 구성하였다. 예를 들면

4 AB−AB+O처소

a. 放心− 不放心这件事 /对这件事不放心 (이 일에 마음을 놓치 못한다)
?? 请你放心这件事/请你对这件事放心 (이 일에 마음을 놓다)
b. 留学−留学*海外* / *在海外*留学 (해외유학/ 해외에서 유학하다)
c. 落户−落户*首尔* / *在首尔*落户 (서울에서 정착하다)
d. 登录−登录*北京* / *在北京*登录 (북경에 상륙하다/출시하다/론칭하다(launching))

예문 (4a)와 같은 이합동사 "放心"는 부정형식이 목적어을 동반하는 것은 문법적이지만 긍정형식이 목적어를 동반하는 것은 좀 어색하다. (4b-d)의 이합동사 "留学, 落户, 登录"는 모두 처소목적어를 동반하였다. 이런 동사들은 이합사의 기능 "PP+V"의 기능도 지니고 있고, 또 타동사처럼 목적어도 동반할 수 있다. 그러나 이런 동사가 동반하는 목적어는 처소목적어에 만 제한되어 있다. 즉 "$V_{이합사}$+$O_{처소}$" 만 만족시킨다. 이런 사용법을 통하여 우리는 언어는 완전히 정지되어 있는 것이 아니라 계속 활발하게 변화발전하고 있음을 알 수 있다.

② 이합사를 구성하는 이음절 "AB" 두 성분 사이에 동량성분 혹은 시량성분을 삽일 할 수 있다.

5 AB−A+동량사+B

a. 见面−见了*一次*面 见面了一次 (한번 만나다)
b. 洗澡−洗了*几次*澡 洗澡了几次 (목욕 몇번 했다)
c. 睡觉−睡了*一次*觉 睡觉了一次 (잠을 한번 잤다)

d. 散步-散了*一次步*　　散步过一次　　　(산책 한번 했다)

6 AB-AB+시량사

a. 毕业-毕业*一年了*　　(졸업한지 1년이 되었다)
b. 开学-开学*一个星期了*　　(개학한지 1주가 되었다)
c. 入学-入学*一个月了*　　(입학한지 1개월 되었다)
d. 上任-上任*一年了*　　(취임한지 1년 되었다)
e. 放学-放学*两个小时了*　　(하교한지 2시간이 되었다)

7 AB-A+시량사±的+B

a. 吵架-吵了*一个小时*架=吵了*一个小时的*架　　(1시간동안 다퉜다)
b. 会客-会了*十分钟*客-会了*十分钟的*客　　(10분동안 손님을 만났다)
c. 旷课-旷了*一天*课=旷了*一天的*课　　(1루동안 무단결석 했다)
d. 出差-出了*三个月*差=出了*三个月的*差　　(3개월동안 출장 갔다)

예문 (5)는 이합사 "AB" 두 성분 사이에 동량구로 구성된 동량보어를 삽입한 문형, 즉 "A+동량구+B"로 추상화 할 수 있고, (6-7)는 시량구로 구성된 시량보어가 이합사와 결합할 때 두 가지 상황이 존재한다. (6)처럼 이합사 두성분 뒤에 시량보어가 첨가된 문형, "AB+시량보어"이고, (7)처럼 이합사의 두 성분 사이에 시량구를 삽입하는 문형, "A+시량구+B" 혹은 "A+시량구+的+B" 구문이 있다. 왜 이런 현상이 생기는가? 이합사 "AB" 두 성분의 결합강도가 달라서 이다. 두 성분 사이의 결합강도가 강한 이합사는 (6)구문을 택하고, 두 성분의 결합강도가 좀 느슨한 이합사는 (5)와 (7)구문을 택한다. (7)구문에서 "的"는 문법적으로 큰 기능을 하지 않는다. 문맥상 목적어가 꼭 필요할 때 "±的"로 사용이 가능하다.

③ 일부 이합동사를 구성하는 두 성분의 결합 강도가 강할 때, "AB" 두 성분 사이에 동태조사 "了, 着, 过"만 삽입할 수 있다. 예를 들면

8	毕业-毕了业	(졸업했다)
	就业 -就了业	(취업했다)
	就职-就了职	(취임했다, 취직했다)
	移民-移过民	(이민한 적 있다)

예문 (8)처럼 "毕业, 就业, 就职"와 같은 이합동사는 두 성분 "AB"사이에 동태조사만 삽일 할 수 있기에 두 성분의 분리는 아주 제한적이다. 그러나 이와 반대인 이합사도 존재한다. 두 성분사이 결합강도가 너무 느슨하고 자유로워 아래와 같이 분리할 수 있는 이합사도 존재한다. 예를 들면

9	睡觉-	a. *睡了一大觉*	(크게 한 잠을 잤다)
		b. *睡了一个小时觉*	(1시간동안 잠을 잤다)
		c. *觉, 睡*得怎么样?	(잠, 자고나니 어때요?)
		d. *这个觉, 睡了一上午*。	(이번 잠, 오전 내내 잤다)
10	洗澡-	a. *洗了一次澡*	(목욕을 한번 했다)
		b. *洗了一个很舒服的澡*	(아주 시원한 목욕을 한번 했다)
		c. *这个澡, 洗*得很舒服	(이번 목욕, 아주 시원하게 했다)
		d. *澡*已经*洗完了*。	(목욕 이미 다 했다)

예문 (9)의 "睡觉"는 (9a-b)처럼 동량사, 시량사를 삽입할 수 있을 뿐만 아니라, (9c-d)처럼 "AB"성분을 도치시켜 "B"성분을 주어부분으로 승격시킬 수도 있다. 예문 (10)의 "洗澡"도 마차가지이다. 이렇게 이합사의 두개 성분의 결합정도에 따라 이합사의 문법적 기능이 결정된다. "AB" 두 성분 사이에 결합강도에 따라 동태조사 "了, 着, 过" 만 삽입

할 수 있는 이합사는 강도가 가장 센 이합사고, 그 다음 수량성분 혹은 시량성성분을 삽입할 수 있는 이합사고, 가장 느슨한 것이 두 성분을 도치할 수 있는 이합사이다.

위에서 증명된 것처럼 이합사는 자동사의 일종이지만 그 활용이 일반자동사보다 훨씩 다양하고 풍부하다. 예문 (1d)처럼 자동사기능도 내포하고 있고, 또한 예문 (4)처럼 타동사의 가능도 내포하고 있다. 두 결합성분 "AB"의 강도에 따라 용법도 다양함을 알 있다.

유의할 점 하나가 더 있다. 예를 들면 "来(오다)"는 자동사이다. 그러나 "손님이 오셨어요"가 중국어로는 두가지 형식이 존재한다.

11 a. 客人*来了*。 (손님이 왔다-알고 있는 손님)
b. *来*客人*了*。 = 我家来客人了 (ø에 손님이 왔다-모르는 손님)

12 a. 我*来*一瓶啤酒。 (저에게 맥주 한 병 주세요)
b. 我*来*介绍一下。 (제가 소개 좀 할게요)

예문 (11)는 모두 동사 "来"를 사용하여 구성된 문장이다. (11a)는 자동사 "来"의 구문이고, 중국어주어는 확정지시이기에 화자와 청자가 알고 있는 손님을 가리킨다. 비확정성 주어일 경우 반드시 비확정성주어 표지 "有"를 사용해야 한다. 즉 "有客人来了"구문을 사용해야 "모르는 손님"을 가리킨다. (11b)의 "来"는 목적어 "客人"를 동반하였기에 타동사로 보아야 하지 않나 하는 의문이 든다. 그러나 이 문장의 "来"도 자동사이다. 그 이유는 이 문장은 변형된 문장이다. 원형 문장은 존재문이다. 즉 "처소명사+来$_{류자동사}$+명사성목적어" 예를 들면 "我家来客人了-ø来客人了" 혹은 "我们班来新生了" 와 같은 존재문인데, 회화 혹은 문맥에서 화자와 청자가 알고 있는 주어 즉 처소일 경우 묵인 되어 "ø来客人了"로 표현이 되었다. 여기서 "ø" 부호는 묵인(默

認) 즉 디폴트(defualt)인 상황에서 사용되는 부호, 혹은 생략부호라고도 한다. 이와 같이 처소성명사가 주어가 되는 문장을 중국어에서는 특수문장형식인 "존현문"이라고 칭하다. 제3장을 참조하기 바란다.

예문 (12a)도 마찬가지로 원형은 "나에게 맥주 한 병 주세요(맥주 한 병 주세요)"의 문장은 중국어에 3가지 형식이 존재한다. 하나는 동사 "给"가 이중목적어어를 동반하는 문장 "给我一瓶啤酒", 두번째로는 "来"를 동반한 굳어진 형식 "给+대명사+来" 즉 "给我来一瓶啤酒" 구문이고, 세번째로는 두번째 형식에서 진일보 화석화 된 표현인 "대명사+来+N" 즉 "我来一瓶啤酒"구문으로 되었다. 이와 같이 "我来+NP"는 식당에서 주문할 때 사용되는 주문용 구문이다. (12b)의 원형은 "请你让我来介绍一下"와 같은 "상대에게 허락을 요청"하는 문형이다. 이 문장이 "허락"을 무시하고 "让我来介绍一下"와 같은 "주동적인 행위자"문형으로 사용되게 되었다. 많이 사용되고, 허락 받을 필요성이 미약해 짐에 따라 "让"이 탈락 혹은 디폴트 되어 "我来介绍一下"와 같은 적극적인 행위자주어인 문장으로 굳어졌다.

2.2 S+V타±O

"S+V타±O"에서 "S"는 주어, "V타"는 타동사, "O(object)"는 직접목적어를 가리킨다. 타동사는 동작의 행위가 어떤 사물이나 사건에 영향을 미친다는 뜻이다. 중국어의 타동사 성분은 명사성성분을 연결해 주는 기능을 한다. 가장 원형적인 주술목형식의 문장은 "행위자+타동사+동작이 영향을 받는 사물/사람"이라고 할 수 있다. 예를 들면

13 a. 我们*帮助*过你。 (우리는 그를 도와준적 있어요)

b. 他*害怕*狗。 (害怕[hài//pà] 그는 개를 무서워한다)
c. 我*去*上海。 (나는 상해에 간다)
d. 她*同意*参加。 (*同意*[tóngyì] 그녀는 참석하는 것을 동의한다)
e. 我*认为*你不对。 (나는 그가 틀렸다고 생각한다)

예문 (13a)는 행위자주어 "我们"과 수령자목적자 "你"를 타동사술어 "帮助"로 연결한 구문이다. 이와 같은 범주에 속하는 동사로는 "学, 读, 念, 写, 听, 买, 说, 看, 寄[jì], 等, 踢[tī], 敲[qiāo], 打, 闻, 穿, 练, 找, 借, 还[huán], 工作, 修理, 讨论, 研究, 整理[zhěnglǐ] "등이 있다. (13b)는 행위자주어 "他"와 수령자목적어 "狗"가 심리타동사 "害怕"를 통하여 연결된 구문이다. 이와 같이 심리를 나타내는 타동사들로는 "讨厌[tǎoyàn], 担心[dānxīn], 放心[fàngxīn]" 등이 있으며, 또 "冷淡[lěngdàn], 肥[féi], 瘦[shòu]"등과 같은 형용사들은 사역동사의 기능을 한다. 예를 들면

형용사용법 :

他*很冷淡*。 (그는 아주 무뚝뚝하다/차갑다)
这块肉*很肥*。 (이 고기덩어리는 아주 기름지다)

사역동사용법 :

你越*冷淡*他, 他越舍不得你。 (舍不得[shě·bu·de])
(그를 차갑게 대할수록 그는 더 섭섭해 한다)
我们*肥了*自己, *害了*集体。
(우리는 자신을 살 찌우고, 집단을 손해보게 했다
= 우리는 자신을 익 보게 하고, 집단을 손해보게 했다)
我们*肥了*骡子*瘦了*马。 (骡子[luó·zi])
우리는 노새를 살찌우고, 말은 여위게 하였다
= 우리는 하나는 잇속을 채우게 하고 하나는 손해 보게 한다)

위 예문의 형용사의 사역동사 기능은 극히 일부에 국한 되어 있다. 고대중국어에서는 형용사가 직접 사역동사 기능을 하였지만 현대중국어로 진입하면서 언어체계가 변화되었다. 즉 단음절에서 이음절화 되는 과정에서 형용사가 사역성을 포기하고 특히 자동사 뒤에 위치하여 결과보어형태를 취하게 되었다. 예를 들면 "VR-VR형용사-提高/缩小/降低/变小"처럼, 여기에서 "R"는 결과(result)의 축약형식이다.

다음은 심리동사와 형용사의 차이점에 대하여 알아보자. 심리동사는 아래와 같은 기능이 있다.

즉 목적어를 동반할 수 있다. 그러나 형용사는 목적어를 동반할 수 없다. 같은 점은 모두 정도부사 "很"의 수식을 받을 수 있다는 점이다. 예를 들면

很+V심리+O	我*很讨厌*他。(나는 그를 아주 싫어한다)
	妈妈*很担心*这件事。(엄마는 이 일을 아주 걱정한다)
	我们*很同情*弱者。(우리는 약자를 아주 동정한다)

〈도표-1〉

很+A	很高/很漂亮/很矮
很+A-O	~~很高他/很漂亮这个人/很矮他~~

〈도표-2〉

<도표-1>는 심리동사의 예로서 "很"의 수식도 받을 수 있고, 목적어도 동반할 수 있음을 보여 주고, <도표-2>는 형용사로서 "很"의 수식을 받을 수 있으나 목적어는 동반할 수 없음을 보여 준다.

그러면 이런 심리 동사 외에 중국어에서 사역을 나타내는 동사는 어떻게 구성 되었을 까를 알아보자. 고대중국어와 달리 현대중국어의 사역을 나타내는 동사는 대부분 이음절로 구성되었고, 내부 구성형식은 "동사+형용사(결과성)", 즉 "VR형"로 추상화 할 수 있고, 예를 들면 아래와 같은 "동+형"형식으로 사역동사가 구성되었다.

提高[tígāo]　높이다, 향상시키다, 끌어올리다
加宽[jiākuān]　넓게 하다, 넓히다
放松[fàngsōng]　느슨하게 하다, 이완시키다, 늦추다, 풀어주다, 관대하게 하다
抓紧[zhuā//jǐn]　꽉 쥐다, 단단히 잡다. 힘을 들이다
缩小[suōxiǎo]　축소하다, 줄이다
缩短[suōduǎn]　길이, 거리, 시간을 단축하다, 줄이다
降低[jiàngdī]　낮추다, 내리다, 인하하다, 낮아지다, 절하하다
改正[gǎizhèng]　개정하다, 시정하다, 정정하다

위와 같은 단어를 구성하는 2개 성분 중 "A" 성분 동사(자동사/타동사)와 "B"성분 형용사 "高, 宽, 松, 紧, 小, 断, 低, 正"로 구성되었다. 이 동사들은 고대중국어가 단음절에서 이음절화 되면서 생긴 현상이며, 현대중국어에서 위와 같은 형식으로 구성된 단어들이 사역동사의 기능을 한다. 그러나 일부 형용사 "冷淡, 肥, 害"은 고대중국어형용사가 사역기능을 수행하던 문법적 증거이고, 현재까지 남아 있는 화석이라고 볼 수 있다. 고대중국어는 단음절품사가 위주이고, 1음절이 2음절화되는 과정에서 사역의미를 나타내는 대부분 형용사들은 앞에 동사성성분을 동반하게 되었다. 언어역사로 보면 변화의 한단계이고, 하나의 과정이기도 하다.

예문 (13c)는 행위자주어 "我"와 행위자가 도달할 처소 "上海"를 이동성을 나타내는 동사 "去"로 연결하였다. 이런 범주에 속하는 동사들

로는 "到"가 있다. 이런 형식은 또 "我到上海去"와 같은 변형형식이 존재한다.

예문 (13d)는 행위자주어 "她"와 동사성목적어 "参加"를 타동사 "同意"가 연결한 문장이다. 이와 같은 범주에 있는 구문들로는 "我们反对拆迁[chāiqiān]房屋(우리는 집 철거를 반대한다)"과 같은 문장이 있다.

(13e)는 행위자주어 "我"와 절로 구성된 목적어 "你不对"를 타동사 "认为"가 연결한 문장이다. 이런 문장의 특징은 타동사 술어 뒤에 동태조동사 "了, 着, 过"를 동반할 수 없다. 예를 들면 "~~我认为了你不对~~。" 1.5장절의 예문 (70)을 참조하기 바란다.

2.3 S+P$_{\text{형용사구}}$

"S+P$_{\text{형용사구}}$"에서 "S"는 주어이고, "P(predicate)"는 서술어 혹은 술부를 가리킨다. "V(verb)"와 구별하기위하여 "P"를 서술어 혹은 술부로 칭하기로 하자. 여기에서의 "P$_{\text{형용사구}}$"는 술어가 형용사구 "AP(adjective phrase)"를 뜻한다. 이 문장 유형을 학습하기 전에 먼저 형용사와 형용사구에 대하여 알아보자.

형용사에는 일반형용사와 상태형용사가 있다. 정도부사 "很"의 수식을 받을 수 있는 형용사를 우리는 일반형용사라 하고, "很"의 수식을 받지 못하는 형용사를 상태형용사라 한다.

14 很大, 很认真, 很漂亮

15 a. 金黄[jīnhuáng] 황금색, 황금빛 　　很金黄
漆黑[qīhēi] 칠흑 같다, 　　很漆黑

雪白[xuěbái] 눈처럼 희다, 새하얗다 ~~很雪白~~
煞白[shàbái] 새파랗다/창백하다 ~~很煞白~~
滚圆[gǔnyuán] 둥글둥글하다 ~~很滚圆~~
溜圆[liūyuán] 둥글다 ~~很溜圆~~

b. 绿油油[lǜyōuyōu] 푸르싱싱하다, 파릇파릇하다 ~~很绿油油~~
黑乎乎[hēihūhū] 시커멓다, 새카맣다 ~~很黑乎乎~~
乱哄哄[luànhōnghōng] 확자지껄하다, ~~很乱哄哄~~
红通通[hóngtōngtōng] 새빨갛다 ~~很红通通~~

c. 黄了吧唧[huáng·le bāji] 누르께하다 ~~很黄了吧唧~~
傻了吧唧[shǎ·le bāji] 어수룩하다 ~~很傻了吧唧~~
圆了吧唧[yuán·le bāji] 둥글스레하다 ~~很圆了吧唧~~

d. 黑不溜秋[hēibuliūqiū] 거무칙칙하다, 거무데데한 모양 ~~很黑不溜秋~~
黑咕隆咚[hēigulōngdōng] 어두컴컴하다, 캄캄하다 ~~很黑咕隆咚~~

예문 (14)의 형용사들은 사물의 크기를 나타내는 “大, 小, 长, 短, 高, 矮[ǎi]” 혹은 사물의 성질을 나타내는 “红, 蓝, 白, 黑, 黄, 绿” 와 같은 1음절 형용사 혹은 사물의 성질이나 상태를 나타내는 “漂亮, 干净, 认真”과 같은 2음절 형용사들이 포함된다. 이런 형용사들은 모두 “很, 非常, 特别, 极其”등과 같은 정도부사의 수식을 받을 수 있으며, 기술적 편의를 위하여 정도부사 “很”의 수식을 받는다고 기술한다. “정보부사+형용사”가 결합하여 “AP” 즉 형용사구를 구성한다. 이런 형용사구가 바로 우리가 제시한 서술어(P)성분이 된다는 것이다. 예를 들면

S + *很* + A = S + P$_{\text{형용사구}}$

〈도표-3〉

16 a. 天气*很冷*。 (날씨가 춥다=날씨가 아주 춥다)
~~天气冷~~。

外边*冷*，屋里*暖和*。　　(밖은 춥고 집안은 따쓰하다)

b. 雨*很大*。　　(비가 많이 내린다)

~~雨大。~~

雨*大*，风*大*。　　(비가 많이 내리고 바람도 많이 분다)

c. 他的腿*特别短*。　　(腿 [tuǐ] 그의 다리는 특별히 짧다)

~~他的腿短。~~

他的腿短，胳膊长。　　(胳膊[gē·bo] 그는 다리는 짧고 팔은 길다)

d. 她的衣服很漂亮。　　(그녀의 옷은 예쁘다=그녀의 옷은 아주 예쁘다)

~~她的衣服漂亮。~~

她的衣服漂亮，鞋也漂亮。(그녀의 옷이 예쁘고 신발도 예쁘다)

e. 教室很干净。　　(교실은 깨끗하다=교실은 아주 깨끗하다)

~~教室干净。~~

教室干净，走廊脏。　　(走廊[zǒuláng] 脏[zāng] 교실은 깨끗하고 복도는 더럽다)

f. 我弟弟学习非常认真。　　(내 남동생은 공부를 열심히 한다)

~~我弟弟学习认真。~~

我弟弟学习认真，体育差劲。(내 남동생은 공부는 열심히 하고 체육은 아주 못한다)

예문 (16)처럼 상태에 대한 서술을 나타낼 때 술부는 형용사구 즉 "정도보어+형용사"여야 한다. 만약 형용사 원형이 술어가 되면 즉 "~~天气冷~~"은 비문이 된다. 그러나 대구법으로 사용될 때 즉 "外边冷，屋里暖和。"인 경우 형용사원형이 술어가 될 수 있다. 대화 중에 형용사 원형이 술어로 사용되었다면 대구법적인 의미를 나타낸다. 예를 들면 화자가 "今天热。"라고 했다면 청자가 어제 혹은 내일의 날씨가 디폴트 되었음을 알고 있다.

이외에 아래의 형용사는 형사구를 구성하여 술어로만 되는 형용사들이다. 예를 들면

多: 많다 少: 적다
对[duì] 바르다, 맞다 活[huó] 생생하다
久[jiǔ] 오래다, 길다 准[zhǔn] 정확하다
匀[yún] 고르다, 균등하다 散[sǎn] 느슨하다, 흩어지다
松[sōng] 느슨하다 陡[dǒu] 가파르다, 깎아지르다
全[quán] 완비하다, 완전하다 可以 : 괜찮다
冲[chòng] 힘차다, 세차다, 세다, 맹렬하다
静[jìng] 조용하다, 잠잠하다, 고요하다
广[guǎng] 크다, 광번하다, 넓다, 많다
僵[jiāng] 딱딱하다, 빳빳하다, 경직되어 있다
狠[hěn] 모질다, 잔인하다, 독하다, 단호하다
灵[líng] 재빠르다, 영리하다, 잘 듣다, 효력이 있다
烦[fán] 답답하다, 괴롭다, 번거롭다, 귀찮다
稳[wěn] 안전되다, 튼튼하다, 침착하다, 점잖다, 신중하다
紧[jǐn] 단단하다, 팽팽하다, 빡빡하다, 꽉 끼다
准时[zhǔnshí] 제시간, 정시, 시간 맞추다, 칼(퇴근)
顺[shùn] 순조롭다, 잘 풀리다, 잘 돌아가다
顺利[shùnlì] 순조롭다
对头[duì//tóu] (호흡/성질이 잘)맞다
齐备[qíbèi] 갖추다, 구비하다, 완비하다
合算[hé//suàn] 수지가 맞다, 타산이 맞다
带劲[dàijìn] 재미가 있다. 신이 나다, 힘이 있다, 격렬하다
流气[liú·qì] 불량스럽다, 건달기가 있다, 경박하다
外道[wàidào] 서먹서먹하다(지나치게 예절을 차려
投缘[tóu//yuán] 죽이 척척 맞다, 마음이 맞다, 의기투합하다

위의 형용사들은 술어로만 될 수 있기에 단일술어형용사(唯谓形容词)라고 칭한다. 이와 같은 형용사들은 일상생활속에서 입말에 자주 사용된다.

예문 (15)의 형용사들은 정도보어의 수식을 받을 수 없다. 이런 형용사들은 자체에 정도를 포함하고 있기 때문이다. 예문 (15a)의 "金黄, 漆黑, 雪白" 은 모두 "명사+형용사"로 구성되었다. "금처럼 노랗다, 칡처럼 검다, 눈처럼 하얗다"와 같이 이미 "…처럼" 이라는 정도를 나타내기에 정도부사의 수식을 받을 수 없고, 문장구조에서는 형용사구의 기능을 하며, 관형어가 될 때 반드시 관형어의 표지 "的"를 첨가하여야 한다. 예를 들면

(명/동+A)+*的* + 명사

〈도표-4〉

17 a. *金黄的*项链 (项链[xiàngliàn] 황금색 목걸이)
~~金黄项链~~
~~很金黄项链~~
b. *漆黑的*夜晚 (칠흙 같은 밤)
~~漆黑夜晚~~
~~很漆黑夜晚~~
c. 雪白的皮肤 (皮肤[pífū] 눈처럼 흰 피부=하얀 피부)
~~雪白皮肤~~
~~很雪白皮肤~~

예문 (15a)의 형용사가 술어가 되려면 반드시 아래 예문처럼 "是……的"구문을 사용하여야 한다.

S+*是*+(*명/동*+*A*)+*的* = S + $P_{형용사구}$

〈도표-5〉

18 a. 项链*是*金黄*的*。 (목걸이는 황금색이다)
~~项链金黄的~~
b. 夜晚是漆黑的。 (밤은 칠흙같이 검다)
~~夜晚漆黑的~~。
c. 皮肤是雪白的。 (피부는 눈처럼 희다)
~~皮肤雪白的~~。

예문 (15b)는 “AXX”형식으로 구성된 형용사이며, 적극적인 의미를 나타낸다. (15d)의 “A了吧唧”와 (15e)의 “A不溜秋”나 “A咕隆咚”는 방언에서 표준어로 유입된 형용사이며, 소극적인 의미를 나타내는 형용사들이다. 술어성분이 될 때 모두 “的”를 첨가하여야 한다. 이와 같은 형식의 형용사들은 문장에서 모두 형용사구의 기능을 하기에 정도보어 “很”의 수식을 받을 없다. 예를 들면

S+*AXX的* = S + P형용사구
S+*A了吧唧的* = S + P형용사구

〈도표-6〉

19 a. 秧苗*绿油油的*。 (秧苗[yāngmiáo] 새싹이 푸르싱싱하다)
~~秧苗很绿油油的~~。
b. 脸黑乎乎*的*。 (얼굴이 거무스레하다/까무잡잡하다)
~~脸很黑乎乎的~~。
c. 教室*乱哄哄的*。 (교실이 왁자지껄하다/소란스럽다)
~~教室很乱哄哄的~~。

20 a. 这套制服*绿了吧唧的*。 (이 제복이 퍼러스레하다)
~~这套制服很绿了吧唧的~~。
b. 他*傻了吧唧的*。 (그는 어스룩하다/멍청하다)
~~他很傻了吧唧的~~。

21 a. 他的皮肤*黑不溜秋的*。 (그의 피부는 거무칙칙하다)

~~他的皮肤很黑不溜秋的。~~

b. 四周*黑咕隆咚的*。　　　　(사방이 어두컴컴하다)

~~四周很黑咕隆咚的。~~

다음은 중첩형식에 대하여 알아보자. 형용사는 1음절 형용사든 2음절 형용사든 모두 중첩할 수 있다. 여기에서 가리키는 형용사는 성질이나 상태를 나타내는 원형형용사 즉 예문 (14)의 형용사들을 지칭하는 것이다. 형용사를 중첩하면 형용사구의 기능을 수행하며, 형용사중첩형식이 형용사구로서 술어성분이 될 때 반드시 중첩성분 뒤에 구조조사 "的"를 첨가하여야 한다. 예를 들면

S+ *AA的* = S + P형용사구

S+ *AABB的* = S + P형용사구

〈도표-7〉

22 a. 她*高高的*。　　　　(高[gāo] 그는 아주아주 크다)

~~她高高。~~

b. 他的腿*长长的*。　　　　(长[cháng]그의 다리는 아주아주 길다)

~~他的腿长长。~~

c. 个子*矮矮的*。　　　　(矮[ǎi] 키는 아주아주 작다)

~~个子矮矮。~~

d. 她*瘦瘦的*。　　　　(瘦[shòu] 그녀는 아주아주 말랐다)

~~她瘦瘦。~~

e. 校园*安安静静的*。　　　　(安静[ānjìng] 캠퍼스는 아주아주 조용하다)

~~校园安安静静。~~

f. 天气*舒舒服服的*。　　　　(舒服[shū·fu] 날씨는 아주아주 쾌적하다)

~~天气舒舒服服。~~

g. 黑板上的字*清清楚楚的*。　　　　(清楚[qīng·chu] 칠판의 글자는 아주아주 뚜렷하다)

~~黑板上的字清清楚楚。~~

h. 他们对顾客*客客气气的*。 (顾客[gùkè] 그들은 고객에게 아주아주 공손하다)

~~他们对顾客客客气气。~~

i. 湖水*平平静静的*。 (湖水[húshuǐ] 平静[píngjìng] 호수는 아주아주 고요하다)

~~湖水平平静静。~~

예문 (22)는 형용사구 "AA+的" 혹은 "AABB+的"구조로 술어가 된 형식이며, (22a-d)는 1음절형용사 의 중첩형식 "AA+的"인 형용사구가 술어가 된 예문이고, (22e-i)는 2이음절 형용사의 중첩형식 "AABB+的"인 형용사구가 술어가 된 예문이. 이와 같은 예문에서 "+的"를 사용하여야 한다. 대조적인 의미를 나타낼 경우 즉 "一切看起来忙忙碌碌, 一切又都安安静静。(모든 것이 아주 바빠보이고, 모든 것이 또 아주 조용해 보인다.)"경우처럼 "-的"사용하지 않아도 된다.

다음은 술어가 형보구인 "형용사+得+很"구문, 즉 정도보어가 정도부사 "很"를 사용한 특수 구문 형식을 보자. 이런 구문이 그 정도가 "극치"에 달함을 나타낸다.

S+ *A+得+很* = S + P형용사구

〈도표-8〉

23 a. 样子*难看得很*。 (样子[yàng·zi] 难看[nánkàn] 모양이 너무너무 못났다)

b. 这里*凉快得很*。 (凉快[liáng·kuai] 여기는 너무너무 시원하다)

c. 客厅*干净得很*。 (객실은 너무너무 깨끗하다)

d. 小商店*漂亮得很*。 (매점은 너무너무 예쁘다)

e. 问题*清楚得很*。　　　(문제는 너무너무 명확하다)
f. 他*高兴得很*。　　　(그는 너무너무 즐겁다)

형용사부분은 음절수와 상관없다. 주의하여야 할 점은 "样子很难看(모양이 못났다 / 모양이 아주 못났다)"에서의 "很"는 형용사가 술어가 되기 위한 문법적 장치이기에 "+아주"로 번역한다면 이 "아주"는 강세로 읽으면 안 된다. 형용사구 술어문에서의 정보부사 "很"는 영어에서의 "she is beautiful" 중 "be"동사와 같은 기능을 한다고 보면 된다. 그러나 예문 (23a-f)의 "很"는 정도보어 이기게 나타내는 의미는 "극치" 즉 "너무너무"로 번역하거나 "아주아주"로 표현하면 된다.

다음도 형보구가 술어가 되는 문장인데, 위의 (23)과 비교하여 보면 아래 문장의 보어는 문장 혹은 절로 이루 졌다. 즉 "형용사+得+절/문장"이다.

S+ *A+得+s* = S + P형용사구

〈도표-9〉

24 a. 她*紧张得脸都白了*。　　　(직역: 그녀는 얼굴이 창백할 정도로 긴장했다)
(의역: 그녀는 긴장해서 얼굴이 다 창백해졌다)
b. 父亲*高兴得嘴都合不拢了*。　(合不拢[hé ·bu lǒng])
(직역: 부친은 입을 다물지 못할 정도로 기뻤다)
(의역: 부친은 기뻐서 입을 다물지 못했다)
c. 他们*冻得手都僵了*。　　　(冻[dòng] 僵[jiāng])
(직역: 그들은 손이 굳을 정도로 얼었다)
(의역: 그들은 얼어서 손이다 굳어졌다)
d. 他*疼得眼泪都出来了*。　　　(직역: 그는 눈물이 날 정도로 아팠다)
(의역: 그는 아파서 눈물이 다 흘러내렸다)

e. 他们*馋得口水都流下来了*。 (馋[chán] 직역: 그들은 군침이 돌 정도로 먹고 싶었다)
(의역: 그들은 먹소싶어서 군침이 다 흘러내렸다)

예문 (24a)의 형용사 "紧张"의 보어는 "脸都白了"이고, 예문 (24b)의 형용사 "高兴"의 보어는 "嘴都合不拢了"이고, (24c)의 형용사 "冻"의 보어는 "手都僵了"이고, (24d)의 형용사 "疼"의 보어는 "眼泪都出来了"이고, (24e)의 형용사 "馋"의 보어는 "口水都流下来了"이다. 이런 문장에서 전체문장의 주어와 보어성분의 주어는 종속적인 관계가 있다. 즉 (24a)의 "脸"는 전체문장의 주어 "她"의 "脸"이고, (24b)의 "嘴"는 전체문장의 주어 "父亲"의 "嘴"이고, (24c)의 "手"는 전체문장의 주어 "他们"의 "手"이고, (24d)의 "眼泪"는 전체문장의 주어 "他"의 "眼泪"이고, (24e)의 "口水"은 전체문장의 주어 "他"의 "口水"이다. 이처럼 전체문장의 주어와 보어성분의 주어는 종속관계에 있어야 한다는 것을 알 수 있다.

다음은 병렬형식으로 이루어진 형용사구가 서술어가 되는 예문이다. 형용사 병렬 형식은 "A_1±而+A_2" 혹은 "又A_1又A_2" 혹은 "既A_1又A_2"로 구성되며, 여기서 "A-adject"는 음절수와 상관없다. 예를 들면

S+ A_1± 而A_2= S + $P_{형용사구}$
S+ 又A_1又A_2= S + $P_{형용사구}$

〈도표-10〉

25 a. 纪念碑*高大而雄伟*。 (纪念碑[jìniànbēi] 기념비는 크고 웅장하다)
纪念碑高大。

b. 国会大厦*雄伟壮观*。 (大厦[dàshà] 국회의사당은 우장하다)
国会大厦壮观

c. 他*又高又壮*。 (그는 크고 건장하다)
他*既高又壮*。

d. 心里*七上八下*。 (마음이 두근두근 거린다)
心里*七上八下的*。

d'. 今天有点儿七上八下。 (오늘 좀 두근거려요/긴장돼요)
今天*有点儿七上八下的*。

예문 (25a)는 형용사 "高大"와 "雄伟[xióngwěi]"를 연결사 "+而"를 이용하여 형용구를 구성하고 전체문장의 서술어가 되었고, 그렇지 않고 "~~纪念碑高大。~~"는 비문이 된다. (25b)는 형용사 "雄伟"와 "壮观[zhuàngguān]"이 연결사를 디폴트 하고 즉 "-而"로 병렬형식 형용사구를 구성하여 서술어가 된 문장이다. (25c)는 형용사 "高"와 "壮"을 "又…又…"로 연결하여 병렬형식 형용사구를 구성하여 서술어가 된 문장이고, (25d)는 형용사성을 띤 4자성어 "七上八下"가 서술어가 될 경우 뒤에 "±的" 모두 문법적인 문장이다. (25d)는 형용사성 4자성어 앞에 수량을 나타내는 부사어 "有点儿[yǒu diǎnr]=有点"의 수식을 받아 구성된 확장형 문장이다.

다음 형용사성을 띤 굳어진 형식 "有+N추상"가 서술어를 구성하는 문장이다. 여기서 "N추상"는 추상명사를 가리킨다. 예를 들면

S+ *很有+N추상* = S + P형용사구

〈도표-11〉

26 a. 这个人*很有水平*。=水平很高 (이 사람은 수준이 *아주 높다*)

有水平-수준이 있다

很有水平-수준이 아주 높다

b. 他对这个问题*很有研究*。 (그는 이 문제에 대하여 연구가 *아주 깊다*)

有研究-연구가 있다

很有研究-연구 수준이 아주 깊다

c. 他*很有名声*。 (명성이 *아주 넓게 퍼지다*)

有名声- 명성이 있다

很有名声- 명성이 널리 퍼지다

d. 这个人*很没头脑*。 (그는 머리가 *아주* 나쁘다/그는 *아주 멍청하다*)

有头脑-머리가 있다; 没头脑- 머리가 없다

很没头脑-아주 멍청하다

“有+N” 구문는 동목구로서 전체 구는 동사성을 띠기에 정도부사 “很”의 수식을 받을 수 없다. 구체적인 명사 “课”가 동사 “有”와 결합하면 “有课” 이지만 이런 구체적인 명사가 목적어일 경우 정도부사의 수식을 받을 수 없다. 즉 “-~~很有课~~”. 그러나 예문 (26)의 “有” 뒤에 동반되는 명사는 모두 추상명사의 의미를 나타내는 명사들이다. 즉 “有+$\text{N}_{\text{추상}}$”이다. 이 구문은 형용사구와 같은 기능을 하기에 정보부사 “很”의 수식을 받는다. 이 형식을 다시 추상화 하면 “很有+$\text{N}_{\text{추상}}$” 구문으로 형식화 할 수 있다. 이 구문은 형용사성을 띠기에 “……이 아주 A”로 번역할 수 있다. 예문 (26a)는 형용사가 없지만 “很有+水平” 구문이 형용사성을 획득하여 “수준이 아주 높다”와 같이 형용사 “높다”의 의미를 나타내고, (26b)에도 형용사가 없지만 “很有+研究” 도 형용사성을 띠기에 “연구가 아주 깊다”와 같이 형용사 “깊다”의 의미를 나타내며, (26c)도 같은 형식으로 이해하면 되고, (26d)의 부정형식도 마찬가지이다. 여기에서 가장 중요한 것은 반드시 추상명사가 이 구문에 사용되어야 한다는 것이다.

조동사 "会" 혹은 "能"과 일부동사가 결합하여 형용사성 의미를 나타낸다. 형식화 하면 "会/能+$V_{일부}$", 예를 들면

S+ *很会+办事*/吃苦 = S + $P_{형용사구}$
S+ *很能+V* = S + $P_{형용사구}$

〈도표-11〉

27 a. 他*很会办事*。 (그는 일처리를 *아주 잘 한다*)
会办事- 일처리 할 줄 안다
很会办事- 일처리를 아주 잘 한다
b. 他*很能吃苦*。 (그는 고생을 *잘 참고 견딘다*)
能吃苦- 고생 할 수 있다
很能吃苦-고생을 잘 견딘다
c. 他*很能干*。 (그는 능력이 *아주 뛰어나다*)
能干-할 줄 안다
很能干-아주 잘 한다
d. 他*很能玩*。 (그는 *아주 잘 논다*)
能玩-놀 줄 안다
很能玩-아주 잘 논다

예문 (27a-b)는 조동사와 이합동사 "办事"와 "吃苦"가 결합하여 형용사성을 띠게 되었다. 이렇게 형용사성을 띤 구문이 정도부사 "很"의 수식을 받은 것이다. 다시 이 구문을 추상화 하면 "很会+ $V_{일부}$"이며, "……을 잘 A"의 의미를 나타내게 되어 (27a)에 형용사가 없지만 구조가 형용사성을 띠기에 "아주 잘 한다"의 의미를 나타내고, (27b)도 마찬가지로 구조가 형용성을 띠기에 "고생을 잘 참고 견딘다"의 의미를 나타낸다. 예문 (27c-d)조동사만 다르다. "很能+ $V_{일부}$"구조는 형용성 의미를 나타낸다. (27c)도 형용사성 의미인 "아주 뛰어나다"을 나타내

고, (27d)는 "아주 잘 논다"의 의미를 나타낸다.

다음은 일부 "동사+명사"구조가 형용사성을 띠는 구문이다. 예를 들면

S+ *很费工夫* = S + P형용사구
S+ *很费神* = S + P형용사구
S+ *很*伤脑筋 = S + P형용사구

〈도표-12〉

28 a. 这件事*很费工夫*。 (费工夫[fèi gōng·fu])
(이 일은 *시간이 많이 걸린다*)

费工夫-시간이 걸리다

很费工夫-시간이 많이 걸린다

b. 这件事*真费神*。 = 费心[fèi//xīn](费神[fèi//shén])
(이 일은 정말 *신경을 많이 쓰이네*)

费神=费心마음/신경을 쓰다, 걱정하다

真费神/真费心-정말 신경이 많이 쓰이네

c. 这件事*很伤脑*筋。 (伤脑筋[shāng nǎojīn])
(이 일은 *골치가 많이 아프다*)

伤脑筋-골머리를 앓다, 애를 먹다, 어찌할 바를 모르다

很伤脑筋-골머리가 많이 아프다

예문 (28a)의 동목구 "费工夫"는 정도부사 "很"의 수식을 받아 형용사구술어가 되었고, (28b)의 동목구 "费神"이 정도부사 "真"의 수식을 받아 형용사구술어가 되었고, (28c)의 동목구 "伤脑筋"도 정도부사 "很"의 수식을 받아 형용사구술어가 되었다. 이와 같은 동목구는 그 기능이 형용사구의 기능을 가지고 있기에 정도부사의 수식을 받을 수 있다. 이런 동목구을 구성하는 내부 성분은 다른 성분으로 자유롭게 치환할 수 없다.

2.4 S+P명사구

"S+P"구문에서 서술어 성분이 명사구로 구성된 문장을 명사구술어문 혹은 "S+P명사구"라 한다. 이 구문에 들어올 수 있는 명사구는 "수식어+명사"를 가리킨다. 명사를 수식할 수 있는 성분으로는 사물의 성질을 나타내는 형용사와 사물의 크기를 나타내는 형용사들이다. 태양 빛의 스팩트럼을 우리는 무지개 색으로 표현하기도 한다. 즉 "赤[chì], 橙[chéng], 黄, 绿, 青, 蓝, 紫[zǐ]"을 언어학에서는 사물의 성질을 나타내는 색으로 표현한다. 사물의 크기를 나타내는 형용사 "大-小, 长-短, 高-矮, 多-少, 远-近, 高-低, 胖[pàng]-瘦[shòu], 重[zhòng]-轻[qīng]"처럼 상반되는 의미를 나타내는 형용사들은 대부분 1음절형용사들이다. 이런 형용사들은 명사와 결합할 때 관형어 표지 없이 명사를 직접수식한다. 즉 이런 형용사와 명사의 결합은 고정구처럼 굳어졌거나, 심리적으로 굳어져 있음을 나타낸다.

S+ *형용사+명사1*, *형용사+명사2* = S + P명사구

〈도표-13〉

29 a. 这个姑娘*圆脸*, *红嘴唇*。 (嘴唇[zuǐchún])
(이 아가씨는 둥근 얼굴, 빨간 입술이다)

b. 他*大眼睛*, *高鼻梁*。 (鼻梁[bíliáng] 그는 큰 눈, 높은 콧등이다)

c. 这座楼*红砖*, *青瓦*。 (砖[zhuān] 瓦[wǎ])
(이 빌딩은 붉은 벽돌, 청와이다)

예문 (29a)의 명사구 "圆脸"과 "红嘴唇"는 모양을 나타내는 형용사 "圆"과 색상을 나타내는 형용사 "红"의 수식을 받아 직접 주어 "这个姑娘"에 대한 서술어를 구성하였다. 예문 (29b)도 마찬가지 상황이고,

예문 (29c)의 명사구 "红砖"과 "青瓦"는 색상을 나타내는 형용사 "红"과 "青"의 수식을 받아 주어 "这座楼"의 서술어를 구성하였다.

명사를 수식하는 또 하나의 관형어는 수량구이다. 중국어의 명사는 단수와 복수의 개념보다는 그 명사를 세는 개체 양사를 통하여 명사의 수를 나타낸다. "수사+양사"로 수량구를 구성한다. 이와 같은 수량구가 명사를 수식하여 명사구를 구성하는데 추상화 하면 "수량구+명사"이다. 이런 명사구가 서술어가 되는 문장을 예를 들면

S+ *수량+명사* = S + P명사구

〈도표-14〉

30 a. 这只蛤蟆*三条腿*。 (이 개구리는 다리 3개다)
b. 爷爷*九十高龄*。=爷爷*九十岁*=爷爷*九十* (할아버지는 90이다)
c. 我*三年级*。=我*三年级学生*。 (나는 3학년이다)

31 a. 两个人*一间房*。 (두 사람이 방 하나)
b. 一套房*三室*, *一厅*。 (집 하나가 방 세 개 거실 하나)
c. 十个人*一桌子菜*。 (열 사람이 식탁 하나 요리를 먹는다)
d. 5个人*一锅饭*。 (다섯 사람이 한 밥솥 먹는다)

예문 (30a)의 서술어는 수량구 "三条"가 명사 "腿"를 수식하여 "수량구+명사"인 명사구 서술어를 구성하여 주어성분인 "这只蛤蟆"를 서술하였다. 예문 (30b)는 "수사+양사"가 바로 나이를 서술하는 명사구 서술어가 된 문장이다. 여기서 "岁"와 "高龄"는 언어적 색채가 다르며, 나이를 서술할 때 입말에서는 "岁"와 "高龄"같은 양사를 디폴트할 때가 많다. 예문 (30c)는 수량구 뒤에 위치한 명사를 디폴트하여, 수량구가 서술어가 된 문장이다. 이와 같이 수량구는 그 뒤의 수식하는 명사

를 대체할 수 있다.

그러나 예문 (31)는 수량사구가 주어이고 수량사구가 서술어인 예문이다. (31a-b)의 "间, 室, 厅"는 모두 명사가 양사의 기능하여 수량구 "一间, 一室, 一厅"를 구성하여 중심어 "房"을 수식하여 명사구를 구성하였다. 예문 (31b)도 예문 (30c)처럼 수량구가 중심어 명사를 디폴트하고 구성된 예문이다. 보다시피 중국어 수량구는 중심어 명사를 생략하여도 지칭에는 변화가 없음을 알 수 있다. 예를 들면 "2시간 수업을 한다"를 "上两节(上两节课=上两节的课)"로 표현할 수 있다. 한국어에서 "2시간을 한다"하면 화자의 정확한 의미를 파악하기 어렵다. 그러나 중국어의 양사 "节"는 흐르는 시간의 길이에서 절단된 길이를 나타내는 양사이기에 "上两节课"에서 "上两节"로 하여도 나타내는 의미가 명확하다. 이처럼 중국어의 양사는 대응되는 명사의 특성을 잘 나타낸다.

예문 (31c-d)도 명사 "桌子"와 "锅"가 임시양사가 되어 수량구를 구성하였다. 이와 같은 양사를 개체양사 "个, 只, 支"와 달리 임지적으로 양사의 기능을 하기에 임시양사 혹은 임시명사양사라 한다. 이런 임시명사양사는 개체양사와 구조도 다르고 나타내는 의미도 다르다. 개체양사로 구성된 수량구와 명사는 표지없이 "수량구+명사"를 구성하지만, 임시양사는 수량구와 명사사이에 관형어 표지의 삽입이 가능하여 "수사+임시양사±的+명사"형식 즉 "一桌子菜" 혹은 "一桌子的菜", "一锅饭" 혹은 "一锅的饭"이 가능하다. 이런 임시양사가 나타내는 의미는 "가득" 즉 "한 식탁 가득 음식"와 "한 가마 가득 밥"을 나타낸다. 수량은 수량인데 이것은 많은 수량을 나타내기 위한 중국어 명사의 표현형식이다. 예문 (31)는 주어도 수량구로 구성되었다. 이 부분에 대한 상세한 기술은 특수문장유형의 배분문을 살펴보기 바란다.

2.5 S+P(s+p)

"S+P"로 구성된 문장에서 서술어 "P"가 하나의 문장형식인 "s+p"로 구성되었다. 이처럼 "주어+서술어"가 전체문장의 술부일 경우 소문자로 표시한다. 이것은 문장에 또 문장이 내포된 형식이라 볼 수 있다. 이것은 모든 언어에 대부분 존재하는 형식인데, 구조가 좀 복잡할 뿐 메커니즘은 똑 같다.

S+ *명사+형용사* = S + P(s+p)

〈도표-13〉

32 a. 他*性格刚强*。 (刚强[gāng·qiang] 그는 성격이 강직하다)
b. 他*个子高*, *她头发黄*。 (그는 키가 크고, 그녀는 머리가 노랗다)

33 a. 到处*鲜花盛开*。 (盛开[sh èngkāi])
(가는 곳마다 꽃이 만발하다)
b. 周围*环境优美*, *附近交通方便*。 (주위는 환경이 아름답고, 근처는 교통이 편리하다)

34 a. 我对这些*兴致十足*。 (兴致[xìngzhì] 十足[shízú])
(나는 이것들에 대하여 흥미가 넘친다)
b. 我对未来*信心十足*。 (나는 미래에 대하여 자신만만하다)
c. 她对这件事*信心十足*。 (그녀는 이 일에 대하여 자신만만하다)

예문 (32-34)는 모두 "s+p"가 전체문장의 서술어 "P"가 되는 문장이다. (32a)의 "s+p" "性格+刚强"는 전체문장의 주어 "他"의 서술어를 구성하고, (32b)의 "s+p"인 "个子+高"는 병열절의 주어 "他"의 서술어를 구성하고, "头发+黄"은 병열절의 주어 "她"의 서술어를 구성하였다. 예문 (33a)의 "s+p"인 "鲜花+盛开"는 전체문장의 주어 "到处[dàochù]

도처, 가는 곳마다, 이르는 곳마다”의 서술어를 구성하고, (33b)의 “s+p”인 “环境+优美”는 병열절의 주어 “周围[zhōuwéi]주위, 사방”의 서술어를 구성하고, “交通+方便”는 병열절의 주어 “附近[fùjìn]부근, 근처”의 서술어를 구성하였다. 이처럼 예문 (33)의 주어는 행위자가 아닌 처소명사 “到处, 周围, 附近”이라는 것이 특징이다.

(34a)는 “s+p”인 “兴致+十足”는 전체문장의 주어 “我”의 서술어를 구성하고, (34b-c)의 “信心十足”가 전체문장의 주어 “我”와 “她”의 서술어를 구성하였다. 그런데 예문에서 보다시피 “s+p”는 굳어진 표현형식으로 이루어 졌고, 행위자가 관심분야에 대하여 흥미 혹은 흥취, 자신 혹은 확신이 충만함을 나타날 때 사용되는 문장유형이다. 예문 (34)를 다시 “S+PP+$P_{(s+P)}$”처럼 추상화 할 수 있다. 이와 같은 구문은 특수문장형식에서 다시 살펴보기 바란다.

Chapter

3 중국어특수문장형식

3.1 존현문

이번 장절에서는 중국어특수문장형식에 관하여 알아보겠다. 특수문장형식에는 존현문, 把자문, 被자문, 비교문, 배분문이 있다. 아래에 이런 특수문장형식의 구성과 특징들에 대하여 알아보기 전에 아래의 용어들을 숙지하기 바란다.

공식에 사용되는 몇가지 약자들을 알아 두기, 예를 들면

명사구 : NP-noun phrase,	형용사구 : AP-adjective phrase
동사구 : VP-verb phrase,	동보구 : VR-verb result
처소명사 : NL-noun of location,	시간명사 : NT-noun of time,
수량구 : QP-quantifier phrase,	전치사구 : PP-preposition phrase
한정지시 : definite,	비한정지시 : non-definite

명사의 하위 분류에 대해 알아 두기, 예를 들면

존현문은 중국어에서 중요한 비중을 차지하는 문장형식이다. 사물의 존재, 출현, 소실등과 같은 문법적인 의미를 나타내며 문장형식은 3개 부분으로 구성되었다. 주어부분, 술어부분, 목적부분은 일반문장과 다른 양상을 띠기에 특수문장형식이라 한다.

주어	술어	목적어
처소구/시간사구	동사+着/了	명사구
NL/NT	V 着/了	NP

〈도표-1〉

1 존재를 나타냄

a. **墙上挂着一张画儿。** (挂[guà] 벽에 그림 하나가 걸려 있다)

b. **台上坐着一位领导。** (领导[lǐngdǎo] 무대에는 책임자 한 명이 앉아 있다)

2 출현을 나타냄

a. **前面来了一个人。** (앞에 한 사람이 왔다)

b. **后面开过来一辆汽车。** (辆[liàng] 뒤에 승용차 한대가 오고 있다)

3 소실을 나타냄

a. **她家跑了一只猫。** (猫[māo] 그녀의 집에 고양이 한 마리가 도망쳤다)

b. **昨天死了一个人。** (어제 한 사람이 죽었다)

위에서처럼 존현문을 3개로 다시 하위분류할 수 있다. (1a-b)와 같은 문장들은 존재를 나타내는 존현문, (2a-b)같은 문장을 출현을 나타내는 존현문, (3a-b)같은 문장은 소실을 나타내는 존현문이라 한다. 아래에는 존현문을 구성하는 각 성분들에 대하여 살펴보다.

3.1.1 존현문의 주어부분

주어성분이 되는 처소구와 시간명사구는 아래와 같은 단어들이 포함된다.

(ㄱ) 처소명사는 전임처소명사를 가리킨다. 예를 들면

隔壁[gébì] 이웃, 이웃집, 옆방
背后[bèihòu] 배후, 뒤쪽, 뒷면
背面[bèimiàn] 후면, 배면
附近[fùjìn] 부근, 근처
对过[duìguò] 건너편, 맞은편
对门[duìmén] 건거편, 바로 맞은편, 건너편 집, 맞은편 집
外围[wàiwéi] 외곽, 주위, 바깥 둘레
角落[jiǎoluò] 구석, 모퉁이
中央[zhōngyāng] 중앙, 가운데, 복판
侧翼[cèyì] 좌우 양익, 옆 날개, 측익, 측면
边缘[biānyuán] 가장자리, 거의 닿을 듯한 곳, 변두리, 엣지
当地[dāngdì] 현지, 그 지방, 현장,
四周[sìzhōu] 사주, 사방, 주위, 둘레
旮旯[gālá] 구석

(ㄴ) 이음절방위사도 처소를 나타낸다. 예를 들면

上边, 下边, 前边, 后边, 左边, 右边, 东边, 西边, 南边, 北边, 外边, 里边, 旁边
上面, 下面, 前面, 后面, 左面, 右面, 东面, 西面, 南面, 北面, 外面, 里面
上头, 下头, 前头, 后头, 东头, 西头 外头, 中间, 周围[zhōuwéi](주위, 사방, 둘레)

(ㄷ) "개체명사+방위사"로 구성된 처소구, 즉 "N+방위사", 예를 들면

桌子*上边*, 图书馆*前面*, 教室*旁边*,

(ㄹ) 기타 단어들로 구성된 처소구, 예를 들면

临街[línjiē] 길옆, 거리를 면한 곳

靠岸[kào//àn] 연안, 접안

顺着墙边[shùn·zhe qiáng biān] 돌담길을 따라, 벽을 따라

沿着街道[yánzhe jiēdào] 큰길을 따라, 대도를 따라

沿着海岸路[yánzhe hǎi'àn lù] 해안길을 따라

(ㅁ) 시간을 나타내는 시간명사와 시간을 나타내는 구, 예를 들면

上午, 下午, 中午, 白天[bái·tian] 대낮, 黑夜[hēiyè] 야밤,

凌晨[língchén] 이른새벽,

三更半夜[sān gēng bàn yè] 심야, 한밤중,

昨天, 前天, 后天, 大后天(글피)

星期二, 上个星期- 지난주, 下个星期- 다음주, 这个星期五- 이번 주 금요일

周末[zhōumò] 주말, 这周日[zhè zhōurì] 이번 주 일요일,

三天前, 两年后,

暑假[shǔjià] 여름방학,

寒假[hánjià] 겨울방학,

节假日 명절,

五一长假 5.1 연휴 기간

圣诞节[Shèngdàn Jié] 크리스마스

国庆节[guóqìngjié] 건국기념일

3.1.2 존현문의 술어부분

술어성분이 되는 성분들로는 타동사, 자동사 모두 가능하다, 그러나 아래와 같은 동사 "吃, 喝, 看, 想, 听, 知道, 哭, 给, 送, 买" 등은 존현

문에 사용할 수 없다. 그것은 존현문이 지니고 있는 제한된 문법의미 때문이다. 특별히 유의하여야 할 것은 존현문에서만 자동사 뒤에 동작 행위자가 위치할 수 있다. 예를 들면

4 a. 一面国旗*飘扬着*。 (国旗[guóqí] 飘扬[piāoyáng])
(국기 하나가 휘날리고 있다)
b. ~~飘扬着一面国旗。~~
c. 广场上*飘扬着*一面国旗。 (광장에 국기 하나가 휘날리고 있다)
~~在广场上飘扬着一面国旗。~~

5 a. 一个人*站着*。 (한 사람이 서 있다)
b. ~~站着一个人。~~
c. 门口*站着*一个人。 (문 입구에 한 사람이 서 있다)
~~在门口站着一个人。~~

예문 (4-5)는 모두 "飘扬[piāoyáng]"과 "站"같은 자동사를 사용한 예문이다. (4-5,a)예문은 "S+V자"와 같은 기본문장형식인 행위자주어와 자동사술어인 문장형식이기에 행위자 주어가 자동사 앞에 위치해야 한다. 그렇지 않으면 (4-5,b)처럼 모두 비문이 된다. 행위자주어가 자동사술어 뒤에 위치할 수 있는 문장형식은 오직 (4-5,c)와 같은 존현문형식 뿐이다.

이외 존현문에 사용되는 동사는 일반적으로 원형동사를 사용할 수 없다. 반드시 원형동사에 기타 성분이 첨가 되어야 한다. 원형동사 뒤에 첨가 할 수 있는 성분들로는 동태조사 "着"와 "了"가 있고(예문 1,2,3,4,5), 또 일부 보어들도 필수적인 요인으로 사용된다. 예를 들면

6 a. 树上*挂满了*很多果实。 (挂满[guà mǎn] 나무에 많은 과일이 가득 달렸다)
~~在树上挂满了很多果实。~~
b. 门外*跑进来*一个人。 (문밖에서 한 사람이 뛰어 들어온다)

~~在门外*跑进来*一个人~~。

예문 (6a)는 동보구 “VR” 즉 동사와 결과보어로 구성된 술어성분이 존현문 술어를 구성하였고, (6b)는 동보구 즉 동사와 추향보어로 구성된 술어성분이 존현문의 술어를 구성하였다.

3.1.3 존현문의 목적어부분

문미에 존재하는 명사구 목적어부분은 일반적으로 수량구가 포함된다. 유의할 점은 존재, 출현, 소실을 나타내는 존현문은 수량구에 대한 요구가 다르다. 예를 들면

7 a. 床上躺着*他的父亲*。 (침대에 그의 부친이 누워 계신다)
~~在床上躺着*他的父亲*~~。
b. 床上躺着一*位老人*。 (침대에 노인 한 분이 누워 계신다)
~~在床上躺着一*位老人*~~。

8 a. 墙上挂着*那张画儿*。 (벽에 저 그림 하나가 걸려 있다)
~~在墙上挂着*那张画儿*~~。
d. 墙上挂着一*张画儿*。 (벽에 그림 한 장이 걸려 있다)
~~在墙上挂着一*张画儿*~~。

예문 (7-8)는 모두 존재를 나타내는 존현문이다. 목적어 부분의 명사구를 보면 (7-8, a)처럼 한정 지시를 나타내는 명사구, (7-8, b)처럼 비한정지시를 나타내는 명사구이다. 때문에 존재를 나타내는 존현문의 목적어는 “±한정지시목적어”를 사용할 수 있음을 알 수 있다. 그렇다면 소실과 출현을 나타내는 존현문은 이와 다르다. 예를 들면

9 a. 楼上走下来一个人。 (위층에서 한 사람이 걸어 내려온다)
b. ~~楼上走下来*老王*~~。

~~从楼上走下来*老王*~~。

10 a. 屋顶飞过去一架飞机。 (옥상에 비행기 한 대가 지나갔다)

b. ~~屋顶飞过去*那架飞机*~~。

~~从屋顶飞过去*那架飞机*~~。

소실을 나타내는 존현문의 명사구목적어는 모두 (9-10, a)처럼 비한정지시여야 한다. (9-10, b)처럼 한정지시 목적어를 사용하면 비문이 된다.

다음은 존현문의 유형에 대하여 알아 보자. 위의 예문에서 우리는 존현문을 존재는 예문(1), 출현은 예문(2), 소실은 예문(3)과 같이 분류하였다. 그러나 출현과 소실을 나타내는 존현문의 문법적 기능이 같기에 하나로 묶어 은현문(隐现-隐은 소실, 现은 출현의 의미)이라 칭하고, 존재를 나타내는 존현문을 존재문이라 한다. 이렇게 존현문은 존재문과 은현문 두 가지 유형으로 다시 재 분류할 수 있다.

3.1.4 존재문의 문장형식

존재문의 형식적인 특징은 처소구주어와 동사성분이다. 존재문은 동사의 특징에 따라 아래와 같은 형식이 있다.

존재문형식 1 : "V着/了" 존재문

주어	술어	목적어
처소구	동사+着/了	명사구
NL	V 着/了	NP

〈도표-2〉

11 a. 脸上*带着*迷人的微笑。 (迷人[mí//rén] 微笑[wēixiào])
(얼굴에 매혹적인 미소를 지니고 있다)

b. 地上*坐了*几个人。　　　　(바닥에 사람 몇이 앉아 있다)

여기에서 동태조사 "着"는 정지한 상태가 지속됨을 나타내고, 동태조사 "了"를 동반한 문장은 동작이 완성된 다음 상태를 나타낸다. 경우에 따라 이 두 동태조사를 치환 할 수도 있고 치환 할 수 없을 수도 있다. (11a)는 "着"를 "了"로 치환할 수 없지만(~~脸上带了迷人的微笑~~), (11b)의 "了"는 "着"로 치환할 수 있다(地上坐着几个人).

존재문형식 2 : "是"존재문

주어	술어	목적어
처소구	是	명사구
NL	是	NP

〈도표-3〉

12 a. 远处*是*一片高楼。　　　　(一片[yípiàn]먼 곳에는 온통 빌딩이다)

b. 最前面*是*几排威武的士兵。　　(排[pái] 威武[wēiwǔ])

(맨 앞에는 위풍당당한 사병이 몇 줄로 서있다)

기본문장형식에서의 "是"는 판단을 나타내고, 존재문에 사용되는 "是"는 존재를 나타낸다. 물론 다른 형식과 비교하면 "是"를 동반한 구조의 존재문에 여전히 판단의 의미가 조금은 남아 있음을 알 수 있다.

존재문형식 3 : "有"존재문

주어	술어	목적어
처소구	有	명사구
NL	有	NP

〈도표-4〉

13 a. 前面*有*一个邮局。 (邮局[yóujú] 앞에 우체국이 하나 있다)

b. 这一带*有*好几所大学。 (이 일대에 대학이 여러 개 있다)

"有"존재문이 나타내는 의미는 "어떤 처소에 무엇이 있다"처럼 아주 직접적인 존재를 나타내며, 다른 의미는 나타내지 않는다.

존현문형식 4 : "V有"존재문

주어	술어	목적어
처소구	1음절동사+有	명사구
NL	V有	NP

〈도표-5〉

14 a. 墙上*挂有*一幅齐白石的名画儿。(幅[fú] 齐白石[Qí Báishí])
(벽에 치바이스의 명화 하나 걸려있다)

b. 大门上*装有*先进的监视设备。(装有[zhuāngyǒu] 先进[xiānjìn] 监视设备[jiānshì shèbèi]) (대문에 첨단감시장비가 설치되어있다)

여기 "V"은 1음절동사여야 한다. 이 1음절 동사에 이미 "有"라는 의미를 내포하고 있다. (14a)의 "挂-걸다"에는 "존재하다"의 의미가 내포되어 있고, "装[zhuāng]-설치하다"에도 "존재하다"의 의미가 내포되어 있다. 이와 같은 "V有"형식의 사용은 글말에 주로 사용된다.

존현문형식 5 : 무동사존재문

주어	술어	목적어
처소구	ø	명사구
NL	ø	NP

15 a. 天上一片乌云。 (一片[yípiàn] 乌云[wūyún])
(하늘에는 온통 먹장구름이다)
b. 田野里一片金黄的麦浪。 (田野[tiányě] 麦浪[màilàng])
(들판에는 온통 황금색 밀밭에 이는 물결이다)

위와 같은 존재문에는 비록 동사가 존재하지 않지만 청자나 독자가 문장을 이해할 때 마음속에 "有"나 "是", 혹은 기타 동사를 내포하고 있다. 이와 같은 구조에서 목적어의 수량구는 필수적인 것이며 수량구의 수사는 "一"로 한정되어 있다. 여기에서 수량구의 묘사기능은 일반적인 수량구가 나타내는 기능보다 훨씬 크다. 이런 수량구는 수량을 나타내는 것이 목적이 아니라는 것을 명심하기 바란다.

3.1.5 은현문

은현문은 존재문과 공통점이 아주 많다. 여기서는 다른 특징들을 살펴보겠다.

다른점 1 : 은현문의 주어는 처소사일 수도 있고, 시간명사일 수 있다.

16 她的脸上*现出*幸福的笑容。 (现出[xiànchū] 笑容[xiàoróng])
(그녀의 얼굴에 행복한 웃음을 띠었다)

17 刚才*开过去*几辆军车。 (军车[jūnchē] 금방 군용차 몇 대 지나갔다)

예문 (16)의 주어는 처소구 "她的脸上", 술어는 출현을 나타내는 "现出[xiànchū]나타나다, 드러나다"이고, (17)의 주어는 시간명사 "刚才", 술어는 소실을 나타내는 "开过去-몰고 지나가다"이다. 이렇게 은현문의 주어는 처소구일 수도 있고, 시간명사일 수도 있다.

다른점 2 : 술어동사 자체가 출현, 소실의 의미를 내포하고 있거나, 출현과 소실을 나타내는 보어를 동반한다.

구성형식–출현, 소실 동사

出现[chūxiàn] 출현하다, 나타나다, 생기다
显现[xiǎnxiàn] 현현하다, 숨겨져 있던 것이 나타나다, 드러나다, 보이게 되다
浮现[fúxiàn] 지난일이 떠오르다
消失[xiāoshī] 사라지다, 없어지다, 소실하다
失去[shīqù] 잃다, 잃어버리다
死[sǐ] 죽다, 사라지다
丢[diū] 잃다, 잃어버리다

구성형식–동사+결과보어출현/소실, 즉 "V+R출현, 소실"

搬走[bānzǒu] 이사하여 가다, 옮겨가다, 운반하여 가다
响起[xiǎngqǐ] 울려퍼지다, 울리다
跑过去[pǎo·guòqù] 달려가다, 뛰어가다
溜出去[liū·chuqu] 슬그머니 나가다, 빠져나가다, 몰래 동망치다, 뺑소니치다
开过来[kāi··guò//·lái] 운전해 다가오다, 몰고 오다
表现出来[biǎoxiàn·chuqu] 표현해 내다, 과시해내다, 구현해내다, 드러내다

3.1.6 존현문의 표현기능: 묘사성

18

左边是厨房，厨房旁边是一个饭厅。饭厅中央放着一张古色古香的餐桌，上面摆着一个花瓶。墙上挂了几张画儿，都很不错。饭厅旁边还有个客厅。

古色古香[gǔ sè gǔ xiāng] 餐桌[cānzhuō] 花瓶[huāpíng]
좌측에는 주방이 있고, 주방 옆에는 식사칸이 하나 있다. 식사칸중앙에는 고풍스

러운 식탁이 하나 놓여져 있고, 식탁 위에는 꽃병 하나가 놓여져 있다. 벽에는 그림 몇 개를 걸었는데 그림이 다 그럴듯하다. 식사칸 옆에 또 객실이 하나 있다.

예문 (18)은 실내환경에 대한 묘사이다. 실내환경묘사에는 존현문, 특히 존재문을 사용하여 완성된다. 이것은 존현문문장구조가 가지고 있는 묘사성적 특징때문이다.

3.2 "把"자문

"把"자문의 "把"는 현대중국어에서 전치사, 양사, 동사로 쓰인다. 고대중국어에서 사용되던 동사 "把(손으로 잡다)"의 의미가 확장된 것이다. 양사로는 "一把土(흙 한줌)", 동량사로는 "拉我一把(나 좀 당겨줘/나 손 좀 잡아줘/나 좀 도와줘)"로 사용된다. 근접한 수치를 나타낼 때 "个把月(한달 가량)" "百把块钱(백원 가량)"로 사용된다. 전치사로는 오늘 우리가 배울 특수문장형식인 "把"자문이다. "把"자문을 배우기 전 아래의 약자들을 꼭 알아두어야 한다.

명사구: NP-noun phrase,	형용사구: AP-adjective phrase
동사구: VP-verb phrase,	동보구: VR-verb result
처소명사: NL-noun of location,	시간명사: NT-noun of time,
수량구: QP-quantifier phrase,	전치사구: PP-preposition phrase
한정적: **有定**, definite,	비한정적: **无定**, non-definite
총칭적 지시: **泛指**, generic reference,	지시: **有指**, reference

"把" 자문은 전치사 "把[bǎ]" 혹은 "将[jiāng]"로 구성된 전치사구(PP-把/将+NP)가 술어동사 앞에서 부사어성분(状语, adverbial modifier)이 되는 문장형식을 가리킨다. 이런 특수문장형식 "把"자문은 "처치(处置, disposition)의 문법적의미를 나타낸다. 형식은 아래와 같다.

주어	술어	목적어
행위자	전치사구+동사구	±명사구
NP_1	[P+NP_2]+Vα/αV	±NP_3
NP_1	[把/将+NP_2]+Vα/αV	±NP_3

〈도표-1〉

3.2.1 "처치"의 문법적 의미

"처치"의 문법적 의미를 나타내기 위하여 전치사 "把"를 이용한다. 예를 들면 아래와 같은 구문들이다.

19 Q : 这个人*怎么处*理? (处理[chǔlǐ]이 사람을 어떻게 처리할까요?)
A: 先*把*他*送交*公安机关。 (送交[sòngjiāo] 公安机关[gōng'ān jīguān])
(먼저 그를 공안기관에 넘겨주자)

20 Q : 这件衣服*怎么办*? (이 옷을 어떻게 할까요?)
A : *把它洗干净*再说。 (그것을 깨끗하게 빤 다음 봅시다)

21 a. 我*把饺子都吃了*。 (饺子[jiǎozi]저는 물만두를 다 먹었어요)
b. 孩子*把*衣服*弄脏了*。 (弄脏[nòngzāng] 어린이는 옷을 더렵혔다)

22 a. 我*把*你的名字*忘了*。 (나는 너의 이름을 잊어버렸다)
b. 我把他*恨透了*。 (恨透hèntòu] 나는 그를 뼈에 사무치게 원망한다)

예문 (19-20Q)는 사람과 사물에 대해 어떻게 처리 할까에 대한 질문이고, (19-20A)는 처리할 대상을 모두 "把"의 목적어로 하였다. 이렇게 "把+처리대상"이 전치사구(PP="把"+NP)를 구성하여 "把"자문이 구성된다. 예문 (21a)는 처리의 대상 "饺子"가 전치사 "把"와 결합하여 "먹어치우"는 대상이 된 것이고, (21b)는 처리의 대상 "衣服"가 전치사 "把"와 결합하여 "더럽히게"된 대상이 된 것이다. 예문(19-21)의 "처치"는 구체적인 사물 혹은 사람에 대한 처리의 의미를 나타낸다. 예문 (22)는 추상적인 것에 대한 처치이다. (22a)의 처리의 대상 "你的名字"가 전치사 把와 결합하여 "잊어버리(忘)는 결과로 된 것, 이것도 "처치"의 의미로 간주하고, 예문 (22b)는 처치의 대상 "他"가 전치사 "把"와 결합하여 "원망(恨)"한 결과 "극치에 도달하다/스며들다/배어있다(透)" 한 상태, 이것도 "처치"의 의미로 간주한다. 우리는 (22)와 같은 예문을 확장된 "처치"의 의미로 간주 할 수 있다.

3.2.2 구성특징

"把"자문의 구성특징 1 : 전치사구 (PP=把/将+NP)

이 부분에서 주요하게 전치사 "把/将"의 목적어 특징에 관한 설명이다. 전치사 "把"는 반드시 명사/명사구와 결합하여 전치사구를 구성하여야 "把"자문을 구성할 수 있다. 전치사 "把"의 목적어는 반드시 한정적지시(定指, definite reference) 혹은 총칭적 지시(泛指, generic reference)어야 한다. 예를 들면

a. 我*把那封信*寄走了。 (寄走[jì zǒu] 그는 그 편지를 부쳐 보냈다)

b. ~~我把一*封信*寄走了~~。

c. 我寄走了一*封信*。 (그는 편지 한 통을 부쳐 보냈다)

예문 (23a)의 "把"의 목적어는 지시대명사 "那"를 동반한 명사구이기에 확정적지시 즉 한정적 지시를 나타내어 문법적인 문장을 구성하였고 (23b)의 "把"의 목적어가 수량구 "一封"로 구성되었다. 수량구는 비한정적지시를 나타낸다. 이론적인 설명을 하자면 수사의 수가 작을수록 비한정을 나타내고 수량이 커질수록 비한정지시성이 약화된다.

예문 (23b)의 수량은 가장 작은 수 "一"이기에 비한정시지를 나타낸다. 특수문장형식인 "把"자문의 목적어가 될 수 없기에 비문처리되었으며, 기본문장형식을 나타내는 (23c)처럼 표현하면 문법적인 문장이 된다. 아래에 "把"의 목적어가 총칭적 지시인 예문을 보자.

24 a. 我*把信*寄走了。 (그는 편지를 부쳐 보냈다)

b. 他的口才不错，能*把意思*充分地表达出来。(意思[yì·si] 充分[chōngfèn] 表达[biǎodá])
(그의 입담이 좋아서 의미를 충분히 표현해 낼 수 있다)

25 a. 她*把每封信*都写上了这句话。 (그녀는 편지마다 모두 이 말을 써 넣었다)

b. 她*把所有的信*都写上了这句话。 (그녀는 모든 편지에 이 말을 써 넣었다)

c. 他*把任何信*~~都写上了这句话~~。

예문 (24a-b)의 전치사 "把"의 목적어를 "信"과 "意思"인 명사원형을 사용하였다. 명사원형은 총칭적지시를 나타내기에 문법적인 문장이다. 그렇다면 예문 (25a)의 "把"의 목적어는 특수대명사 "每"로 구성된 명사구 "每封信"은 "편지마다/모든 편지"을 가리키기에 여전히 총칭적 지시를 나타낸다, (25b)의 특수대명사 "所有"도 마찬가지로 "所有的信"는 "모든편지"라는 총칭적지시를 나타내기에 문법적인 문장이다. 그러나 (25c)의 명사구는 비한정지시를 나타내는 특수대명사 "任何"를 사용하였기에 비문이다.

"把"자문의 구성특징 2 : 술어부분 (V+α / α+V)

(ㄱ) "把"자문에는 원형동사를 사용할 수 없다. 동사에 반드시 다른 성분이 첨부되어야 한다. 동사의 뒤에 동태조사, 보어를 첨가하거나, 동사를 중첩하거나, 혹은 동사 앞에 부사어를 첨가하거나 해야 "把"자문의 술어부분이 될 수 있다. 예를 들면

주어	술어	목적어
행위자	전치사구+동사구	±NP_3
NP_1	[把+NP_2]+V+了/着/过	- NP_3
NP_1	[把+NP_2]+Vv	- NP_3
NP_1	[把+NP_2]+VR了	- NP3
NP_1	[把+NP_2]+[부사어]+V	- NP_3

〈도표-2〉

26 a. 她把我*批评了*。 (批评[pīpíng])
(그녀는 나를 평가/비평/지적하였다)

a'. ~~她把我批评~~。

b. 她把问题*解决了*。 (解决[jiějué] 그녀는 문제를 해결했다)

b'. ~~她把问题解决~~。

c. 你可以把钱*存着*。 (存着[cún zhe] 너는 돈을 저금할 수 있다)

c'. ~~你可以把钱存~~。

d. 我把他*打过*。 (나는 그를 때린적 있다)

d'. ~~我把他打~~。

e. 你好好把这个问题*想想*。 (想想xiǎngxiang 너는 이 문제를 잘 생각해봐)

e'. ~~你好好把这个问题想~~。

f. 我把那本书*看完了*。 (나는 그 책을 다 봤다)

f'. ~~我把那本书看~~。

g. 你不能把到手的生意*往外推*。 (生意[shēng·yi] 推[tuī] 너는 손에 들어온 비즈니스를 바깥으로 밀어내서는 안된다)

g'. ~~你不能把到手的生意推~~。

h. 别把衣服*到处乱扔*。 (到处[dàochù] 乱扔[luàn rēng])
(옷을 여기저기 내던지 마)

h'. ~~别把衣服乱扔~~。

위의 예문 (26a-d)는 "把"자문 술어부분에 동태조사 "了, 着, 过"를 사용하여 구성된 문장이고, 예문 (26e)는 동사중첩형식을 사용하여 "把"

자문을 구성하였다. (26f)는 동보구 즉 동사에 결과보어를 동반한 구조(VR)를 사용하여 "把"자문를 구성하였고, (26g-h)는 동사의 앞에 수식어 즉 부사어("往外" "到处")를 사용하여 "把"자문을 구성하였다. 동사원형을 사용한 (26a'-h')는 모두 비문이다. "把"자문의 술어부분에는 반드시 동태조사(V+了/着/过), 동사중첩형식(Vv), 동보구조(VR), 혹은 동사의 수식어(부사어+V)가 있어야 한다. 개괄하면 "把"자문을 구성하는 동사구는 동사의 앞, 혹은 뒤에 다른 성분이 반드시 있어야만 "把"자문을 구성할 수 있다. 이와 같은 형식은 중국어 동사의 활용이라고 보아도 된다. 중국어는 고립어이기에 한국어나 영어처럼 형태변화가 없다. 조사, 중첩형식, 보어, 부사어 같은 문법적 수단을 사용하여 동사의 변화를 나타낸다. 그러나 특수문체인 시나 창에서는 원형동사를 사용할 수 있다.

(ㄴ) 동사구를 구성하는 전체가 "처치"의 대상과 관계를 발생하며, 동작 자체로는 그 대상과 의미관계를 발생하지 않는다. 예를 들면

주어	술어	목적어
행위자	전치사구+동사구	
NP_1	[把+NP_2]+VR了	– NP_3

〈도표-3〉

27 a. 她把眼睛*都睡肿了*。(肿[zhǒng])

他睡-他的眼睛肿了-他的眼睛睡肿了-他睡肿了眼睛

睡眼睛

(직역: 그녀는 너무 자서 눈이 부었다)

(의역: 그녀는 눈이 부을 정도로 잤다)

b. 她把眼睛*都哭瞎了*。 (瞎[xiā])

她哭-他的眼睛肿了-他的眼睛哭肿了-他哭瞎了眼睛

哭眼睛

(직역: 그녀는 너무 울어서 눈이 멀었다)
(의역: 그녀는 눈이 멀 정도로 울었다)

예문 (27a)의 동보구(VR)인 "睡肿(잠을 잔 결과 붓다-자서 '눈이' 붓다)가 처치의 대상인 "把"자의 목적어 "眼睛"과 문법적인 관계를 방생한다. 그러나 동사 "睡"자체는 "眼睛"과 문법적의미관계를 발생하지 않는다. 예문 (27b)의 동보구인 "哭瞎(운 결과 멀다-울어서 '눈이' 멀다)"가 처치의 대상인 "把"자의 목적어 "眼睛"과 문법적인 관계를 방생한다. 그러나 동사 "哭"는 "眼睛"과 문법적의미관계를 발생하지 않는다.

(ㄷ) 처치성의미가 없는 동사는 "把"자문에 올 수 없다. 예를 들면 아래와 같은 동사

a. **来, 去, 回, 回来, 回去** - 처소목적어를 동반하는 동사
b. **遇到, 见到, 看见, 爱, 思念**[sīniàn], **欣赏**[xīnshǎng] - 부분적인 비자주동사

(a)부류에 속하는 동사들의 특징은 처소목적어을 동반하는 동사들이다. 예를 들면 "来我家/去图书馆/回宿舍/回老家来/回学校去"처럼 "我家/宿舍/老家/学校"와 같은 처소명사가 동반된 처소목적어와 공기하는 동사들은 "처치"의미를 나타내는 "把"자문에 사용할 수 없다. (b)부류에 속하는 동사들은 인지적인 차원에서 "인간 의지로 통제 할수 없는"동사들이다. 예를 들어 "遇"는 "의도치 않게 우연히 마주친"상황이고, "见到"도 마찬가지고 "의도치 않게 만난" 상황이고, "看见"는 여전히 "눈을 뜨고 있으니 안보려고 해도 시야에 들어온"상황이다. "爱"는 "마음속에서 일어나는 감정"에 속하는데 이런 부류의 단어들은 인간의 의지로 "통제할 수 없는" 상황이고, "思念"도 마찬가지로 자연스레 생기는 고향, 연인, 부모와 같이 기억 속에 있는 사건들이 우연히 떠오르는 "그리운 마음"상태이기고 의지로 통제할 수 없고,

"欣赏"도 "마음에 들어하는" 것을 의지로 통제할 수 없다. 이와 같이 의지로 통제할 수 없는 동사들은 "처치"의 의미를 나타내는 "把"자문에 사용할 수 없다.

(ㄹ) 일부 "把"자문은 동사 뒤에 목적어를 동반한다. 동사의 다양성에 따라 여러가지 목적어를 동반한다. 예를 들면

주어	술어	목적어
행위자	전치사구+동사구	
NP_1	[把+NP_2]+V	+NP_3간접
NP_1	[把+NP_2]+V	+NP_3도구/재료
NP_1	[把+NP_2]+V为/作/成	+NP_3

〈도표-4〉

28 간접목적어

a. 我把那件事*告诉*她*了*。 (나는 그 일을 그녀에게 알려줬다)

b. 她把东西*给我了*。 (그녀는 물건을 나에게 줬다)

예문 (28)처럼 대명사 "她"나 "我"로 구성된 간접목적어를 동반할 때 동사는 원형을 사용한다.

29 도구목적어, 재료목적어

a. 你把行李*捆上*绳子。 (捆上[kǔn shàng] 绳子[shéng·zi])
(너는 짐을 끈으로 묶어)

b. 母亲把箱子*上了*锁。 (箱子[xiāng·zi] 上锁[shàng suǒ])
(모친은 트렁크를 잠갔다)

c. 我们把这块地*浇了*不少水。 (浇[jiāo] 우리는 이 땅에 적지 않은 물을 줬다)

d. 我把门*刷了*点儿油漆。 (刷[shuā] 油漆[yóuqī])
(나는 문에 페인트를 조금 칠했다)

예문 (29a)의 목적어 "绳子(끈)"이 동사 "捆(묶다)"의 도구로서 목적어를 구성하였고, (29b)는 목적어 "锁(열쇄)"가 동사 "上(잠구다)"의 도구로서 목적어를 구성하였고, (29c)는 목적어 "水(물)"이 동사 "浇('물을' 대다)"의 자료로서 목적어를 구성하였고, (29d)는 목적어 "油漆(페인트)"가 동사 "刷(칠하다/바르다)"의 자료로서 목적어를 구성하였다.

30 호칭한 결과(V**为**), 인정한 결과(V**作**), 변화한 결과(V**成**)가 목적어인 경우

a. **我们把祖国*称为*母亲。** (**称为**[chēng//wéi])
(우리는 조국을 어머니라 부른다)

b. **我把他*看作*兄弟。** (**看作**[kànzuò] **兄弟**[xiōng·di])
(나는 그를 형제라고 간주한다)

c. **母亲把这条裙子*改成了*裤子。** (**裙子**[qún·zi] **改成**[gǎichéng] **裤子**[kù·zi])
(모친은 이 치마를 바지로 고치셨다)

예문 (30a)는 목적어 "母亲(어머니)"는 동사 "称为(…으로 부르다)" 한 결과 결과목적어를 구성하였고, (30b)는 목적어 "兄弟(형제)"가 동사 "看作(…으로 간주하다/인정하다)"한 결과 결과목적어를 구성하였고, (30c)는 목적어 "裙子(치마)"가 "改成(…으로 고치다)" 한 결과 결과목적어를 구성하였다.

31 부정부사 "**不, 没, 别**"는 전치사구 앞에 첨가하여야 한다, 즉 "**不/没/别**+[**把**+NP]"

a. **我不把这个秘密*告诉*他。** (나는 이 비밀을 그에게 알려주지 않겠다)
~~我把这个秘密不告诉他。~~

b. **他没把问题*搞清楚*。** (그는 문제를 명확하게 파악하지 못했다)
~~他把问题没搞清楚。~~

c. **你别把电视*弄坏了*。** (너는 TV를 망가뜨리지 마)
~~你把电视别弄坏了。~~

예문 (31)에서 전치사구와 동사가 함께 나타날 때 부정부사는 전치사구 앞에 위치해야 한다. 그렇지 않으면 비문이 된다. 시비의문문의 "X不X"에서도 이 문제를 언급한바 있다. 시비의문문을 참고하기 바란다.

3.2.3 의미관계

"把"자문 구성성분간의 의미관계 1 : 행위자와 수령자

주어	술어	목적어
행위자	[전치사+수령자]+동보구	-O
NP_1	[把+NP_2]+VR	-NP_3

〈도표-5〉

32 a. 我把杯子*打碎了*。 (打碎[dǎsuì]때려서 부수다)
(나는 컵을 깨뜨렸다)

a'. 我打碎杯子了。 (나는 컵을 깨뜨렸다)

b. 她把书*借回来了*。 (나는 책을 빌려왔다)

b'. 她借回来书了 (나는 책을 빌려왔다)

행위자 주어가 "把"의 수령자목적어을 어떤 동작행위를 통하여 어떤 결과로 처리된 것, 즉 (32a)처럼 컵을 "打(치다)"라는 동작행위를 통하여 "碎了(깨졌다)"라는 결과로 된 상황, (32b)는 책을 "借(빌리다)" 동작행위을 통하여 "回来了(돌아왔다)"라는 결과적 방향을 나타내는 상황이다. 수령자가 "把+수령자+동보구"인 구문들은 모두 기본문장형식으로 변형이 가능하며, 그 변형형식이 바로 (32a'-b')이다.

"把"자문 구성성분간의 의미관계 2 : 행위자와 도구

주어	술어	목적어
행위자	[把+도구]+동보구	-O
NP_1	[把+NP2]+VR	$-NP_3$

〈도표-6〉

33 a. 这两天写的东西太多了，我把笔*都写坏了*。

(써서 망가지다-써서 모두 망가지다)

(요 몇일 쓴 글이 너무 많다, 나는 '너무 많이 써서' 펜마저 망가뜨렸다

=요 몇일 쓴 글이 '너무 많아' 나는 펜마저 망가뜨렸다)

我*写东西*把笔*都写坏了*。

b. 她砍骨头把刀*砍钝了*。(砍骨头[kǎn gǔtou] 뼈를 찍다/패다, 砍钝[kǎn dùn] 찍어서 무뎌지다)

(그녀가 뼈를 찍었는데, 칼로 '너무 많이' 찍어서 칼이 무뎌졌다

=그녀는 뼈를 찍었는데 '너무 많이 찍어서' 칼이 무뎌질 지경으로 찍었다)

b'. 她*砍骨头*把刀*都砍钝了*。

예문 (33a)의 행위자가 "把"의 도구목적어 "펜(笔)"을 "너무 많이"사용하여 "쓴(写)" 결과 "坏(망가지다)", (33b)의 행위자가 "把"의 도구목적어 "칼(刀)"를 "너무 많이"사용하여 "砍(찍다)"은 결과 "钝(무뎌지다)"졌다. 행위자와 도구 의미를 나타내는 문법구조특징에는 행위자가 그 도구를 "너무 많이"했다는 의미를 내포하고 있다. 이런 의미가 원인을 나타내는 "写东西" "砍骨头" 굳어진 절을 사용하여 술어부분에 "都……了"(이 구문의 사용과 별개로)구문을 사용하여 도구인 "笔/刀"마저 "망가뜨리거나/무뎌지게" 했음을 나타낸다. "많이 사용함"을 내포하고 있기에 번역할 때 반드시 "너무 많이"라는 의미를 넣어 번역하기 바란다.

"把"자문 구성성분간의 의미관계 3 : 원인과 행위자

주어	술어	목적어
원인	[把+행위자]+동보구	-O
V+NP_1	[把+NP_2]+VR	-NP_3

〈도표-7〉

34 a. 丢东西把我们*丢怕了*。 (丢怕[diū pà] 물건을 자주 잃어버리는 것이 우리를 두렵게 한다)

=丢东西-我们丢东西-我们怕了-我们丢怕了。

b. 喝凉水把孩子*喝病了*。 (凉水[liángshuǐ, 喝病[hē bìng]
(냉수를 마신 것이 어린이를 병 나게 했다]

=喝凉水-孩子喝凉水-孩子病了-孩子喝病了。

예문 (34)는 원인을 나타내는 주어가 사건(event)으로 구성된 주어이다. (34a)의 원인을 나타내는 주어는 "물건을 잃어버리는 사건"이 "把"의 행위자목적어인 '우리(我们)'를 늘 잃어버리는 행위에 대한 결과 두려워지게 됨을 나타내고, (34b)의 원인을 나타내는 주어는 "냉수를 마시는 사건"이 "把"의 행위자목적어인 '어린이(孩子)'가 너무 많이 혹은 자주 혹은 처음 마신 결과 병이 나게 되었음을 나타낸다. 원인과 행위자 의미관계를 구성하는 문법구조에서 원인을 구성하는 사건의 동사와 "把"자문의 동사는 같은 동사를 사용해야 하고, 원인을 구성하는 사건 즉 동목구(V+N)는 원형으로 구성되어야 한다. 이런 구문이 내포하고 있는 의미는 원인을 나타내는 사건을 "너무 많이" 혹은 "너무 자주" 혹은 "처음 해서" 행위자목적어에게 상응되는 결과를 나타낸다는 의미가 내포 되어 있기에 번역할 때 반드시 "너무 많이/ 너무 자주" 혹은 "처음/생전처음"과 같은 용어를 넣어 번역하는 것이 관례다.

3.2.4 "把"자문 자문의 용도

첫번째 : 반드시 "把"자문을 사용하여야 하는 문장

① 동사에 "得"자를 동반한 정도보어를 사용한 문장은 반드시 "把"자문을 사용해야 한다, 즉 "V得R"

NP_1	[把+NP_2]+V得+AP(형용수구)

〈도표-8〉

35 a. 她把房间*打扫得非常干净*。 (그녀는 방을 아주 깨끗하게 청소했다)
~~她打扫房间得非常干净。~~
b. 她把生意*做得红红火火的*。 (그녀는 장사를 활기차게 했다)
~~她做生意得红红火火。~~

② 동사 뒤에서 전치사구보어를 동반한 문장은 반드시 "把"자문을 사용함, 즉 "V在+NP", "V到+NP"

NP_1	[把+NP_2]+V+<在/到+NP_3>(전치사구)

〈도표-9〉

36 a. 我把钱*存在银行*。 (나는 돈을 은행에 적금했다)
~~我存在银行钱。~~
b. 大家都把行李*放到行李架上*。 (모두들 짐을 짐받이 선반에 놓았다)
~~大家都放在行李架上行李。~~

③ 동사 뒤에 "成/作"등과 같은 결과의미성분을 함유한 형식의 문장도 반드시"把"자문을 사용한다, 즉 "V成/作+NP"

NP_1	[把+NP_2]+V成/作/为+NP_3

〈도표-9〉

37 a. 我把这本书*翻译成*英文。 (나는 이 책을 영어로 번역한다)

~~我翻译这本书成英文。~~

b. 我把他*看作*我的好朋友。 (나는 그를 나의 좋은 친구로 간주한다)

~~我看他作我的好朋友。~~

c. 我把祖国*称为*母亲。 (나는 조국을 어머니라 부른다)

둘째: "把"자를 사용할 수 있는 문장

① 동사에 "了/着/过"가 동반될 때, 즉 "V了/着/过"때 "把"자문을 사용할 수 있다

38 a. 我*看了*那本书。→ 我*把那本书*看了。(나는 그 책을 봤다)

b. 我先*留着*这点儿东西。→ 我先*把这点儿东西*留着。

(나는 먼저 요만큼 물건을 남겨두겠어)

c. 我*骂过*他。→ 我*把他*骂过。 (나는 그를 욕을 한적 있다)

② 동사에 결고보어가 동반되었을 때, 즉 "VR"때 "把"자문을 사용할 수 있다

39 a. 我*打扫完*房间了。→ 我*把房间*打扫完了。(나는 방을 다 청소했다)

③ 동사중첩 혹은 "一下儿" 등 보어가 동반 될 때, 즉 "Vv", 혹은 "V一下" 때 "把"자문을 사용할 수 있다

40 a. 你认真*考虑考虑*这个问题。→ 你*把这个问题认真*考虑考虑。

(너는 이 문제를 진진하게 고민해 봐)

b. 你来*处理一下*这个案子。→ 你来把这个案子处理一下儿。

(너가 이 안건을 좀 처리해)

예문 (40)는 중국어동사의 활용으로 볼 수 있다. 중국어동사는 (40a)처럼 중첩을 통하여 “시도하다”의 의미를 나타내고, 동사에 동량사 “一下/一下儿”를 (40b)처럼 첨가하여 동작성에 “동작성, 혹은 횟수”의 의미를 부여한다.

일반서술문과 “把”자문의 차이점 : 목적어에 대한 지시가 어떠한가에 따라 구별된다.

41 a. 老师改了*几份作业*。 (선생님을 숙제를 몇 부 고쳤다)
老师改了*一份作业*。 (선생님은 숙제 한 부를 고쳤다)
b. 老师*把几份作业*改了。 (선생님을 숙제 몇 부를 고쳤다)
= 老师*把某几份作业*改了。 (선생님은 어떤 숙제 몇 부를 고쳤다)
≠ ~~我把任何几份作业改了~~。
~~老师把一份作业改了~~。

예문 (41a)는 기본문장형식인 “S+V$_{타}$+O”서술문이다. 일반서술문의 목적어는 비특정지시 즉 “-특정지시” 여도 되고, 특정지시여도 된다. (41a)의 목적어는 의문대명사의 특정지시성을 이용한 명사구목적어 “几份作业(숙제 몇 부)”이다. 여기에서의 “几份”는 화자청자가 알고 있는 선생이 만드시 채점을 해야 하는 “몇부”이기에 특정지시이다(만약 이 문장이 의문문이면 비특정지시를 나타낸다). 그리고 “一份作业”는 비특정지시 목적어을 동반한 기본문장형식의 서술문이다. 때문에 (41b)에서의 “几份作业”가 “把”자의 특정지시 목적어가 될수 있으며, “一份作业”는 불확정지시이기에 “把”자의 목적어오로 될 수 없다. “把”의 목적어는 확정지시어야 한다는 것을 우리는 앞에서 기술하였다. 그렇다면 여기에서의 "几份"이 어떻게 확정지시를 나타내는 가가 문제이다. 이 문장의 원형은 특정대명사 "某(어떤)"의 의미를 함유한 "某几份作业"이다. 특수대명사 "某"는 불특정지시를 특정지시로 변환시키는 표지이다. 즉 예문 (41b)는 "把某几份作业改了→把ø几份作业改了"로 사용된 문장이다. 그러나 특수대명사 "任何(임의)"는 불확정지시를 나타내기에 "把"자문에 사용할 수 없다. 즉 "임의의 몇 부(任何几份)"는 전치사 "把"의 목적어가 될 수 없다. 같은 형식의 예문 하나 더 보자.

42 a. 我杀了*几只鸡*。 (나는 닭 몇 마리를 잡았다)

我杀了*一只鸡*。 (나는 닭 한 마리를 잡았다)

b. 我*把几只鸡*杀了。 (나는 닭 몇 마리를 잡았다)

=我*把某几只鸡*杀了。

≠~~我把任何几只鸡杀了~~。

~~我把一只鸡杀了~~。

예문 (42a)처럼 기본문장형식의 서술문의 목적어는 특정지시("几只鸡"의문사를 사용한 특정지시)와 비특정지시("一只鸡")로 구성될 수 있지만, (42b)는 "把"자문으로 변형하자면 "把"의 목적어는 반드시 특정지시거나 전칭적지시(명사원형)여야 한다. "几只鸡"는 "我把某几只鸡杀了"와 같은 의미를 나타낸다. 그러나 비특정지시를 나타내는 "一只鸡"는 "把"의 목적어가 될 수 없기에 "把"자문으로 변형 될 수 없다.

3.3 "被"자문

인간은 자연을 능동적 혹은 피동적인 방법으로 인지한다. 인간의 이런 활동과 생각은 바로 언어화 되어 나타난다. 능동적인(activity)활동으로는 행동성이 가장 강한 "把자문"을 꼽을 수 있고, 피동적인(passivity)활동으로는 피동문인데 "被"자문이 피동문의 대표적인 예이다.

중국어에서 피동의 의미를 나타낼 때 사용되는 표지로는 "被" (혹은 "让" 혹은 "叫")를 사용한다. 이런 표지를 사용한 문장형식을 "被"자문이라 한다. "被"자문의 "被 [bèi]"("让 [ràng]" "叫[jiào]")로 구성된 전치사구(PP-被±NP, 혹은-让/叫+NP)가 술어동사 앞에서 부사어성분(状语, adverbial modifier)이 되는 문장형식을 가리킨다. 이런 특수문장형식 "被"자문은 "피동" 혹은 "수동(被动, passiviness)"의 문법적의미를 나타낸다. 형식은 아래와 같다.

주어	술어	목적어
수령자	[전치사+행위자]+동사구	±명사구
NP_1	$[P\pm NP_2]+VR/\alpha$	$\pm NP_3$
NP_1	[被$\pm NP_2$]+VR	$\pm NP_3$
NP_1	[让/叫+NP_2]+VR	$\pm NP_3$

〈도표-1〉

예를 들면

43 a. 消息*被他*泄露出去了。 (泄露[[xièlòu]정보는 그에 의해 누설*되었다*)
b. 我真*被你*搞糊涂了。 (搞糊涂[gǎo hútú] 나는 너로 인해 어리둥절*해졌다*/얼떨떨*해졌다*)

예문을 통하여 알 수 있다시피 중국어는 피동의 표지로 피동을 나타내고, 한국어는 동사의 형태변화를 통하여 피동 혹은 수동의 의미를 나타낸다.

3.3.1 "被"자문의 유형

유형 1 : 목적어를 동반하지 않고, 동사구가 동결구(VR) 혹은 동보구(V得R)인 형식, 예를 들면

주어	술어	목적어
수령자	[전치사+행위자]+동사구	-명사구
NP_1	[被+NP_2]+VR	-NP

〈도표-2〉

44 a. 大树*被风*刮倒了。 (刮倒了[guā dǎo le]큰 나무가 바람에 의해 *쓰러졌다*)

b. 孩子*被雷声*吓得直哭。 (吓得直哭[xiàde zhí kū] 어린이는 우뢰소리에 *놀라서 줄곧 울어댔다*)

예문 (44a)의 수령자 "大树"가 행위자인 "风"이 전치사 "被"와 전치사구 즉 "被"자구를 구성하여 수령자에게 행한 동작 "刮(불다)"한 결과 "倒(넘어지다)"한 상황을 피자문으로 구성하였고, (44b)는 수령자 "孩子"가 행위자 "雷声"에 의하여 동작 "吓(놀라다)"한 정도가 "直哭(쭉 울다)"인 상황을 피자문으로 구성하였다.

유형 2 : 목적어를 동반하지 않고, 행위자가 나타나지 않음, 즉 "被"자 뒤에 행위자가 동반되지 않고 디폴트되나, 화자나 청자가 행위자를 알고 있을 때, 혹은 전혀 모를 때 사용되는 형식이다. 예를 들면

주어	술어	목적어
수령자	[전치사-행위자]+동사구	-명사구
NP_1	[被+ø]+VR	-NP

〈도표-3〉

45 a. 他*被*选为工会主席。 (그는 노조위원장에 *당선되었다*)

~~他让选为工会主席。~~

~~他叫选为工会主席。~~

b. 他的钱包*被*偷走了。 (그의 지갑은 *도둑 맞았다*)

~~他的钱包让偷走了。~~

~~他的钱包叫偷走了。~~

예문 (45a)는 수령자 "他"가 "选(뽑다)"인 결과"为(되다)" 노조위원장(工会主席)로 되었다. 행위자인 "노조위원들"이 "被"자구를 구성하여야 하는데 디폴트되었다. 그것은 노조위원들이 노조위원장을 투표하여 뽑기에 화자나 청자가 알고 있는 행위자이다. 이럴 경우 그 행위자를 "被"자 뒤에서 묵인해도 된다. (45b)는 수령자 "钱包"는 도둑 맞았다. 행위자가 누군인지 모르기에 "被"자 뒤에 동반되지 않고 디폴트 되었다. 행위자가 나타나지 않는 피동문은 전치사 "让"나 "叫"로 치환할 수 없다.

유형 3 : 목적어는 동반하지 않고, "被+행위자+给"로 구성된 행위자 "被"자구, 이런 형식은 고대중국에서 사용하는 형식이 현대중국어 남아 있는 화석 같은 존재이다. 예를 들면

주어	술어	목적어
수령자	[전치사-행위자+给]+동사구	-명사구
NP_1	[被+ NP_2+给]+VR	-NP

〈도표-4〉

46 a. 小王*被*人*给*打了。 (쑈우왕은 누군가에게 *얻어맞았다*)

b. 孩子的前程*被*他*给*耽误了。 (前程[qiánchéng] 耽误[dān·wu])

(어린이의 앞날은 그에 의해 *지체되었다*)

예문 (46a)는 행위자가 "被+人+给"형식으로 구성 되었다. 여기에서의 "给"는 고대 중국어의 형식이 현대중국어에 남아 있으며, "被"와 같이 피자문의 표지로 사용되고, (46b)는 수령자 "孩子的前程"는 행위자 "他"가 피동문의 표지인 "被……给"와 함께 피자구를 구성한 구문이다.

유형 4 : 목적어는 동반하지 않고, 피동표지가 "被+NP+所+V" 형식으로 구성되었는데, 여기서 "所+V"동사구의 동사는 원형에 구조조사 "所"와 결합하여 구성되었다. 예를 들면

주어	술어	목적어
수령자	[전치사-행위자]+所+동사	-명사구
NP_1	[被/为+ NP_2]+所+V	-NP

〈도표-5〉

47 a. 我深深地*被*他的精神*所*感动。(나는 너의 정신에 의해 깊은 *감동을 받게 되었다*)

b. 宇宙的奥秘逐渐*被*人类*所*认识。(奥秘[àomì] 逐渐[zhújiàn] 우주의 신비는 인류에 의해 차츰차츰 *인식 되었다*)

c. 我不会*为*你的花言巧语*所*迷惑。(花言巧语[huā yán qiǎo yǔ] 迷惑[mí·huo]) (나는 그의 감언리설에 *매혹되지* 않을 것이다)

예문 (47a-b)의 행위자가 "被……所"표지의 사이에 삽입되었다. 여기서 "所"는 고대중국어문장형식이 화석화되어 현대중국어에 남아 있는 성분이다. (47c)도 마찬가지로 고대중국어문장형식이 현대중국어에 남아있는 문법화된 성분이며, "被"대신 "为"로 치환되었다. "为……所"의 "为[wéi]"는 동사 뒤에 위치할 때 "V为", 혹은 "以……为……(……으로 여기다)" 일 때와 같이 "为[wéi]"로 발음한다. "[wèi]"로 읽을 때는 목적을 나타내는 전치사 "为/为了/为的是(……을 위하여/목적은……)"인 경우이다.

3.3.2 "被"자문의 구성특징

"被"자문과 "把"자문은 형식적인 구성에서 같은 점도 있고 다른 점도 있다. "被"자문도 세 개 부분으로 나누어 설명하여 보자.

구성특징 1 : "被"자문의 주어부분

주어	술어	목적어
수령자, 확정지시	[전치사+행위자]+동사	±명사구
NP_1	[*被/叫/让*+ NP_2]+V	±NP_3

〈도표-6〉

48 a. *那三本书*被我送人了。(그 책 세권을 내가 누군가에게 선물했다)

b. ~~三本书被我送人了~~。

c. *那三本书*叫我送人了。

d. *那三本书*让我送人了。

"被"자문의 주어는 (48a)처럼 확정지시인 "那三本书"여야 한다. (48b)처럼 비확정지시인 "三本书"가 "被"자문의 주어가 될 수 없다. 그것은 "被"자문의 주어는 확정지시라는 조건을 만족시켜야 하기 때문이다.

구성특징 2 : "被"자문의 "被"자부분

주어	술어	목적어
수령자, 확정지시	[전치사+행위자]+동사	±명사구
NP_1	[*被/叫/让*+$NP_{2\text{구체적}}$]+V	±NP_3

〈도표-7〉

49 a. *被爸爸*批评了。 (아버지께 혼났다)

b. *叫爸爸*批评了。 (아버지께 혼났다)

c. *让爸爸*批评了。 (아버지께 혼났다)

"被"의 목적어가 예문 (49a)처럼 구체적인 행위자 "爸爸"인 경우, 이 "被"자문도 예문 (49b)처럼 "叫" 혹은 (49c)처럼 "让"으로 치환 가능하며 나타내는 의미는 여전히 피동의 의미를 나타낸다.

전차시 "被"의 목적어가 모호한 한 성분일 경우, 예를 들면

주어	술어	목적어
수령자, 확정지시	[전치사+행위자]+동사	±명사구
NP_1	[*被/叫/让*+$NP_{2모호한}$]+V	±NP_3

〈도표-8〉

50 a. *被人*打了。 (누구에게 맞았다)
b. *叫人*打了。 (누구에게 맞았다)
c. *让人*打了。 (누구에게 맞았다)

"被"의 목적어가 예문 (50)처럼 모호한 행위자 "人"일 경우, 이 "被"자문도 예문 (50b)처럼 "叫" 혹은 (50c)처럼 "让"으로 치환 가능하며 나타내는 의미는 여전히 피동의 의미를 나타낸다.

전치사 "被"에 목적어가 없을 경우, 예를 들면

주어	술어	목적어
수령자, 확정지시	[전치사+행위자]+동사	±명사구
NP_1	[被+ø]+V	±NP_3

〈도표-9〉

51 a. *被*打了。 (ø에게 얻어맞았다)
b. ~~叫打了~~。
c. ~~让打了~~。

화자나 청자가 행위자에 대하여 관심이 없을 경우 전치사 "被"는 목적어를 동반하지 않는다. 예문 (51a)처럼 누구한테 맞았는지 모르거

나 관심이 없을 경우 "被"의 목적어는 디폴트된다. 이런 경우에 "被"는 (51b) 혹은 (51c)처럼 "叫" 혹은 "让"으로 치환 할 수 없다. 이것이 문법적인 규칙이다.

구성특징 3 : "被"자문의 동사구부분

(ㄱ) 동사구부분은 원형동사를 사용할 수 있다. 그러나 조건이 있다. 예를 들면

52 a. ~~他被爸爸批评~~。
b. ~~他又被爸爸批评~~。
c. 他不*愿意总*被爸爸*批评*。 (그는 아빠한테 *늘 혼나기를 원하지 않는다*)

예문 (52a-b)는 동사원형을 사용한 직설적인 피동문은 성립되지 않지만, (52c)처럼 "바램"을 나타내는 조동사 "愿意"와 같이 사용할 때의 피동문에 동사원형을 사용할 수 있음을 알 수 있다. 이와 같이 피동문에 원형동사사용은 조건이 있음을 알 수 있다.

(ㄴ) 부정부사는 "被"자의 앞에 위치하여야 한다. 이것은 "把"자문과 같다. 예를 들면

53 a. ~~自行车被被人*没*骑走~~。
b. 自行车*没*被别人*骑走*。 (자전거는 다른 사람이 *타고가지 않았다*)

(ㄷ) "被"자문의 동사사용범위가 "把"자문보다 넓다. "把"자문에 사용할 수 없는 동사 "知道, 看见, 听见, 碰见, 理解"는 "被"자문에 모두 사용할 수 있다. 예를 들면

54 a. 这件事*被*她*知道*了。
b. 昨天的事*被*他*听见*了。

55 a. ~~她把这件事*知道了*~~。
b. ~~他*把*昨天的事*听见了*~~。

예문 (54a-b)와 같이 동사 "知道, 听见"은 "被"자문에 사용할 수 있지만 예문 (55a-b)와 같이 "把"은 자문에 사용할 수 없다. 이것은 이 특수문장형식이 가지고 있는 문법적인 의미와 직접적으로 연관이 있다. "被" 자문는 피동의 의미를 나타내기에 행위자가 "알고 싶지 않아도" "듣고 싶지 않아도" 자연히 인간의 생리적인 구조로 인하여 "알게 되고", "듣게 되고"된다. 한국어로 번역할 때 에는 동사의 형태 변화로 피동을 나타내야 할 것이다.

(ㄹ) 일부 "被"자문의 동사 뒤에 목적어를 동반한다.

주어	술어	목적어
행위자	전치사구+동사구	$+NP_3$
NP_1	[被+NP_2]+V+给+了	$+NP_{간접}$

〈도표-10〉

55 a. 那一千块钱被我*借给别人*了。(그 천원은 내가 다른 사람에게)
b. 这么贵重的东西*被*他*送人*了。(이렇게 귀중한 물건은 그가 *누군가에게 선물했다*)

예문 (55a)는 동사 뒤에 간접목적어 "别人"를 동반한 "被"자문이고, (55b)는 간접목적어 "人"을 동반한 "被"자문이다. 이와 같이 간접목적어를 동반한 "被"자문의 동사는 원형을 사용하거나 혹은 "V给"형식의 동사형식을 취할 수 있다.

동사 뒤에 결과목적어를 동반하는 경우, 예를 들면

주어	술어	목적어
행위자	전치사구+동사구	$+NP_3$
NP_1	[被+NP_2]+ V+了	$+NP_{결과}$

〈도표-11〉

56 a. 衣服被树枝*剐了一个口子*。 (剐[guǎ] 옷은 나뭇가지에 *한곳이 찢겼다* = 옷은 나뭇가지에 찢겨 *구멍 하나 났다*)

b. 墙面被他*凿了一个洞*。 (凿[záo] 벽면은 그한테 *동굴 하나 뚫렸다* =벽면에 그가 끌로 *동굴 하나를 뚫었다*)

예문 (56a)의 동사 "剐-할퀴다, 긁히다, 찢히다"가 결과목적어 "一个口子"를 동반하였고, (56b)는 동사 "凿-끌로 뚫다, 관통되다"가 결과목적어 "一个洞"을 동반하였다. "一个口子(구멍 하나)"와 "一个洞(동굴 하나)"는 동작을 한 결과 나타난 사물이이기에 결과목적어라 한다. 그리고 여기에서 동사자체에 이미 피동의 의미가 있음을 알 수 있다.

동사 뒤의 목적어가 주어와 종속관계인 경우, 예를 들면

주어	술어	목적어
행위자	전치사구+동사구	+NP_3
NP_1	[被+NP_2]+ VR了	+$NP_{3종속관계}$

〈도표-12〉

57 a. *他*被人打瞎了*眼睛*。

(직역: 그는 누군가에게 눈이 얻어맞아 멀게 되었다)

(의역: 그는 누군가에게 얻어 맞아 눈이 멀었다)

b. *我的自行车*被人拔了*气门芯*。(气门芯[qìménxīn]

(직역: 내 자전거는 누군가에게 공기 밸브를 뽑혔다)

(의역: 내 자전거 밸브를 누군가가 뽑았다)

전체문장의 주어와 동사 뒤에 동반한 목적어가 종속관계를 이루는 "被"자문으로는 예문 (57a)처럼 주어 "他"와 동사구 "打瞎了"뒤에 동반된 목적어 "眼睛"과 종속관계 "他的眼睛"를 이루어 종속적인 의미를 나타내고, (57b)의 주어 "我的自行车"와 동사 뒤 동반된 목적어 "气门芯"과 "我的自行车的气门芯"처럼 종속적인 의미를 나타낸다.

3.3.3 "被"자문과 "把"자문의 공기현상

중국어에서 "피동"의 문법적 의미를 가진 "被"자문과 "처치"의 문법적인 의미를 가진 "把"자문이 한 문장에 같이 나타나는 현상을 문법 용어로는 공기현상(共现, co-occurrence)이라 한다. 아래의 도표와 같이 "被"자구가 앞, "把"자구가 뒤에 위치하고, 동사구 뒤에는 목적어를 동반하지 않는다.

주어	술어	목적어
행위자	전치사구$_1$+ 전치사구$_2$ +동사구	-NP$_4$
NP$_1$	[被+NP2]+ [把+NP$_3$]+VR	-NP$_4$

〈도표-13〉

중국어에서 피동의미를 가진 "被"자문과 처치의미를 가진 "把"자문이 한 문장에 같이 나타난다. 예를 들면

58 a. 他*被*别人*把*腿打断了。
(그는 누군가에게 다리를 얻어맞아 부러졌다)
(他被别人打断了腿+别人把他的腿打断了)
b. 这本书*被*人*把*封面撕掉了。(封面[fēngmiàn] 撕掉[sīdiào]
(이 책은 누군가가 표지를 찢어냈다)
(这本书被人撕掉了封面+有人把这本书的封面撕掉了)

예문 (58a)의 주어 "他"와 "被"자문의 동사 뒤에 목적어 "腿"가 종속관계 "他*的*腿"이며, "被"자문의 행위자가 3인칭 대명사 "别人"이다. 이 3인칭대명사 "别人"이 "把"자문의 행위자 주어로 구성 되였다. 이 두 문장은 같은 동사부분 "打断了(VR)"을 동반하였다. 즉 "被"자문과 "把"자문은 반드시 같은 동사부분을 소유하여야 하고, "被"자문의 주어와 전치사 "把"의 목적어가 종속관계의미를 가져야 한다는 조건을

만족해야 한다. (58b)도 전체문장의 주어 "这本书"와 전치사 "把"의 목적어"封面"는 종속관계 "这本书*的*封面"의 의미가 있고, 동사부분 "撕掉了(VR)"을 공유하고 있다.

3.3.4 "被"자문의 사용

중국어의 "被"자문에는 특수한 표현 기능이 있다. 즉 수령자가 손실을 보거나 손해를 입을 때, 혹은 화자가 바라지 않는 일이 일어 날 때 "被"자문을 사용한다. 이런 표현 기능이 제약을 받으면 아래와 같이 비문으로 처리된다.

59 a. 선생님께서 우리에게 중국어를 가르쳐 주셨다.

~~我们被老师教了汉语~~。

老师教给我们汉语了。

老师教我们汉语了。

b. 우리는 그 영화를 봤다

~~那个电影被我们看了~~。

我们看了那个电影。

예문 (59a)는 "혜택을 받는 문장"이며, "손해"보는 의미가 없기에 특수 문장형식인 "被"자문을 사용할 수 없고, 이중목적어를 동반한 일반문장형식을 사용해야 한다. (59b)는 "정보를 얻는 문장"이기에 화자가 "바라지 않는 일"이 일어나는 문장이 아니기에 "被"자문을 사용할 수 없다.

60 a. 房子震塌了。=房子被震塌了。 (震塌[zhèntā] 집이 진동 되어 무너졌다)

b. 消息泄露出去了。=消息被泄露出去了。

(泄露[xièlòu] 정보가 누설되어 흘러나갔다)

예문 (60a)의 주어 "房子"가 "震塌"하기를 바라는 이는 없을 것이다. "인간"의 "뜻대로 되지 않는 일"이 일어났을 경우, "被"자를 사용하지 않아도 피동의 의미를 나타낸다. (60b)의 주어 "消息"가 "泄露" 되기를 바라지 않는다. 그러나 현실에서 시간적인 문제지 "비밀"이나 "정보"는 항상 누설되기 마련이다. 이 문장 역시 "화자"의 "뜻대로 되지 않은 일"이 일어났기에 피동의 의미를 나타낸다. 이 문장 역시 "被"자를 사용하지 않아도 피동의 의미를 나타낸다. 이렇게 "뜻대로 되지 않는 일이 일어나"는 의미를 지닌 문장은 피동의 표지에서 자유롭기에 "±被"를 사용하여도 된다.

3.4 배분문

3.4.1 배분문의 형식

두개 혹은 그 이상의 수량구로 하나의 문장을 완성하는 문장형식이다. 의미적으로 서로 관계가 되어 있는 사람 혹은 같은 과의 사물 사이에 수량면에서 배치되거나 대응되는 구조형식이다.

주어	술어	목적어
명사구$_1$	동사	명사구$_2$
NP_1	±V	NP_2
QP_1/NP_1	±V	QP_2/NP_2

예를 들면

61 a. 一斤三块钱。 (一斤=0.5Kg, 500그램당 3원씩이다)
b. 两个人一间房。 (두 사람당 룸 하나이다)
c. 十个人吃一锅饭。 (一锅[yì guō] 열 사람당 한 솥 밥을 먹는다)

d. 十个人住一间房。　　　　　(열 사람당 룸 하나에서 산다)

예문 (61a-d)는 모두 "每……多少……(매……열마……)"와 같은 형식으로 표현할 수 있다. 이 문장들은 아래와 같이 표현할 수 있다.

62 a. 每一斤三块钱。　　　　　(매 500그램당 3원씩이다)
b. 每两个人一间房。　　　　　(매 두 사람당 룸 하나씩이다)
c. 每十个人吃一锅饭。　　　　　(매 열 사람당 한 가마솥 밥을 먹는다)
d. 每十个人住一间房。　　　　　(매 열 사람에 룸 하나에서 산다)

이런 구조형식은 중국어에서 특수한 기능을 가진 형식으로 보고, 형식적 의미적 면에서 모두 기타 문장형식과 다른 특징을 나타내고 있다.

3.4.2 배분문의 문법적 특징

특징 1 : 문장 중의 명사는 모두 불확정지시여야 한다. 확정지시 기능을 지닌 지시대명사 "这" 혹은 "那"를 사용할 수 없다. 다른 문장형식들과 비교하여 보면 배분문의 문법적인 특징이 아주 명확하다.

일반적인 문장은 주어의 위치에 있는 명사가 확정적지시특성을 지니고 있다. 예를 들면 기본문장형식 "S+V±O" 혹은 "被"자문, 기타 위치에서의 명사가 확정적지시를 나타내는 문장은 "把"자문을 예로 들 수 있다.

63 a. 我们学习汉语。　　　　　(우리는 중국어를 공부한다)
(주어는 인칭대명사 "我们"을 사용한 확정적 지시)
b. 他被车撞了。　　　　　(撞[zhuàng] 그는 차에 치였다)
("被"자문의 주어는 인칭대명사 "他"을 사용한 확정적 지시)

c. 请你把这些垃圾倒掉。 (垃圾[lājī] 倒掉[dǎodiào] 이 쓰레기를 버려주세요)

("把"자의 목적어는 지대대명사 "这+N"을 사용한 확정적 지시)

64 a. ~~这一斤三块钱。~~

这个一斤三块钱。 (이것은 한근에 3원이다)

b. ~~那两个人一间房。~~

那两人住一间房, 这三个人住一间房。 (저 두 사람은 방 하나 쓰고, 이 세 사람은 방 하나를 사용한다)

특징 2 : 배분문에서 동사는 차요적인 성분이다. 대부분 상황에서 동사는 디폴트되어 나타나지 않고 문장의 의미표현에도 영향을 미치지 않는다. 예를 들면

65 a. 一人一个苹果。 (한 사람당 사과 하나씩이다)

b. 一人分一个苹果 (한 사람당 사과 하나씩 나누어 준다)

66 a. 一顿饭一个馒头。 (一顿[yídùn] 馒头[mán·tou])

(한 끼당 만터우 하나씩이다)

b. 一顿饭吃一个馒头。 (한 끼당 만터우 하나씩 먹는다)

예문 (65a)와 (66a)는 동사가 없는 문장이지만 나타내는 의미는 동사가 있는 문장 (65b)와 (66b)와 거의 비슷하다. 이것은 구문이 표현하려는 것이 수량면에서 배치 혹은 대응 관계를 이루기 때문이다. 즉 한 사람당 "苹果"의 수량이 몇 개인인가, 한 끼당 "馒头"가 몇 개인가가 중요하다. 이 구문의 초점은 동작의 행위에 있는 것이 아니다. 또한 동사가 있더라도 동태조사 "了/着"를 동반할 수 없는 점에서 동작의 행위가 이 구문의 초점이 아님을 알 수 있다.

그렇다 하여 이런 구문의 동사가 아무런 기능을 하지 않는다는 것은

아니다. 반대로 대부분 상황에서 동사가 배분문방식을 확정짓는 기능을 하며, 아래와 같은 경우 동사가 없으면 배분문이 모호한 의미를 지닌다. 예를 들면

67 一人一篇文章。 (一篇[yìpiān] 한 사람당 텍스트 한편이다)

68 a. 每个人*写*一篇文章。 (사람마다 텍스트 한편을 쓴다)
b. 每个人*看*一篇文章。 (사람마다 텍스트 한편을 읽는다)
c. 每个人给一篇文章。 (한 사람당 텍스트 한편을 준다)

동사가 디폴트 된 예문 (67)는 배분문으로서 의미가 명확하지 않다. 예문 (68)처럼 생성할 수 있는 동사가 "写, 看, 给"등과 같이 여러 개나 된다. 의미를 명확하게 표현하려면 예문 (67)는 동사가 꼭 필요한 문장이거나 혹은 앞뒤 문맥을 통하여야 모호성이 사라질 것이다. 그러나 아래와 같은 배분문은 동사가 있든 없든 같은 의미를 나타낸다. 예를 들면

69 하나의 의미로만 이해되는 문장
我一顿饭一个馒头。 = 我一顿饭吃一个馒头。
(나는 한끼에 만터우 하나이다/ 하나 먹는다)

70 구체적인 문맥에서 하나의 의미만으로 이해되는 문장, 예를 들면 작문에 관해 의논할 때…
一人一篇文章。=一人写一篇文章。 (사람마다 텍스트 한편이다/한편 씁니다)

특징 3 : 배분문의 두 개 수량명사구는 대부분 상황에서 서로 위치를 바꿀 수 있지만 일부 상황에서는 위치 치환을 할 수 없다. 예를 들면

71 a. **一篇文章写一个月。=一个月写一篇文章。**
(텍스트 한편을 한달 동안 쓴다=한달 동안 텍스트 하편을 쓴다)
b. **一辆汽车坐四个人。=四个人坐一辆汽车。**
(자동사 한대에 네 사람이 탄다=네 사람이 자동차 한대에 탄다)
c. **一间房住三个人。=三个人住一间房。**
(룸 하나에 세 사람이 거주한다=세 사람이 룸 하나에 거주한다)
d. **一张床睡两个人。=两个人睡一张床。**
(침대 하나에 두 사람 잔다=두 사람이 한 침대에 잔다

72 a. **一人一个苹果。** (한 사람당 사람과 하나씩이다)
~~一个苹果一人~~
b. **一天看望两次。** (**看望**kàn·wàng] 하루에 두 번 문안한다/찾아뵙는다)
~~两次看望一天。~~
c. **一步一个脚印。** (**一步**[yíbù] **脚印**[jiǎoyìn])
(한 걸음에 한 발자국; 매사에 빈틈없이 꼼꼼하다)
~~一个脚印一步。~~
d. **一个人看管十个人。** (**看管**[kānguǎn])
(한 사람이 열 사람을 돌본다/감시한다)
≠ **十个人看管一个人。** (열 사람이 한 사람을 돌본다/감시한다.)

예문 (71)는 주어위치의 수량명사과 목적어 위치의 수량명사구의 위치를 치환하여도 구문이 나타내는 의미는 변화가 없다. 그러나 예문 (72a-c)는 위치를 치환하면 의미가 생성되지 않는다. (72d)는 위치 치환하면 나타내는 의미가 다르다. 때문에 위치치환에는 일정한 제약이 있기에 배분문을 공부함에 있어서 유의하여야 한다.

3.4.3 배분문의 의미 특징

의미 특징 1 : 강한 비동태성을 띤다. 형식면에서의 표현은 동사를 사용

하든 사용하지 않든 동태조사 “了”를 동반 할 수 없다.

의미 특징 2 : 두 수량사이에는 함수관계가 존재한다. 예를 들면

73 a. 一个人一碗饭。 (一碗[yìwǎn])
(两个人两碗饭, 三个人三碗饭……)
(한 사람당 밥 한 공기, 두 사람당 밥 두 공기, 세 사람당 밥 세 공기……)
b. 一袋果珍冲二十杯水。 (一袋[yídài])
(两袋国珍冲四十杯水……)
(과진 한 팩에 물 20컵을 탄다. 관진 2 팩에 물 40컵을 탄다……)

예문 (73a, b)처럼 내포하고 의미는 함수적 계산이 가능한 관계를 형성한다.

부록: 꼭 알아두어야 수량사

把：椅子/刀/剪子［jiǎn·zi］/锁/伞/钥匙［yào·shi］

班：飞机/车

瓣[bàn]：桔子/蒜［suàn］

邦：孩子/坏蛋

包：东西/棉花/糖

本：书/词典/著作/杂志

笔：钱/现金/账[zhàng]/债［zhài］/收入

部：汽车/电话/电影/作品/书

册[cè]：书/日记

层：皮/楼/冰/油/玻璃/意思

场：电影/比赛/战争/灾难[zāinàn]/风波/雨

出：戏/京剧/悲剧[bēijù]/戏剧[xìjù]

处：风景/名胜/森林/园林

串[chuàn]:珍珠[zhēnzhū]/葡萄[pú·táo]/钥匙

床：毯子/被子/褥子[rù·zi]/被单

沓[dá]：信封/纸/钞票[chāopiào]

道：门/眉毛［méi·mao］/闪电/彩虹[cǎihóng]/风景

滴[dī]：水/血/油/汗

叠[dié]：纸/钞票/文件

顶[dǐng]：帽子/蚊帐[wénzhàng]

栋[dòng]：房子/楼/平房

堵[dǔ]：墙

段[duàn]：历史/故事/差距[chājù]/插曲[chāqǔ]

堆[duī]：土/垃圾/石头

对：夫妻/恋人/蝴蝶[húdié]/翅膀[chìbǎng]

顿[dùn]：饭

朵[duǒ]：花儿/玫瑰[méi·gui]/云彩[yún·cai]

发：子弹[zǐdàn]/炮弹[pàodàn]

份[fèn]：报/杂志/报告/文件/财产/礼物

封：信/电报

幅[fú]：画儿/照片/窗帘[chuānglián]/草图/标语[biāoyǔ

服[fú]：中药

副[fù]：手套[shǒutào]/嗓子[sǎng·zi]/牌[pái]/面孔[miànkǒng]

杆[gǎn]：称[chèn]/旗[qí]

个：人/兔子[tù·zi]/玩具[wánjù]/文件/问题/想法

根[gēn]：线/棍子[gùn·zi]/钉子[dīng·zi]/针[zhēn]

股[gǔ]：毛线/味道[wèi·dao]/力量/劲儿[jìner]

户[hù]：人家/居民[jūmín]/农民[nóngmín]

伙[huǒ]：强盗[qiángdào]/骗子[piàn·zi]

家：商店/银行/书店/公司/工厂

架[jià]：飞机/钢琴[gāngqín]/照相机

节：课/竹子[zhú·zi]/藕[ǒu]/车厢[chēxiāng]

截[jié]：管子[guǎn·zi]/电线/铁丝[tiěsī]　届[jiè]：学生/政府[zhèngfǔ]/会议/运动会

句：话/口号/俗语[súyǔ]　具[jù]：尸体[shītǐ]/棺材[guān·cai]

卷[juàn]：纸/线/胶卷 [jiāojuǎn]　棵：树/秧苗[yāngmiáo]/玫瑰/菜

颗[kē]：星星/心/明珠[míngzhū]/炸弹 [zhàdàn]

口：井[jǐng]/牙/锅[guō]

块：表/地毯[dìtǎn]/玻璃/土地/糖/毛巾[máojīn]

捆[kǔn]：草/葱[cōng]/甘蔗[gān·zhè]

粒[lì]：种子/珠子/药/沙子/纽扣[niǔkòu]　辆：汽车/自行车

绺[liǔ]：头发/毛/胡子　缕[lǚ]：头发/线/丝[sī]/烟[yān]

摞[luò]：碗[wǎn]/盘子[pán·zi]/杯子/书门：大炮/电话/课/功课/外语

枚[méi]：奖章[jiǎngzhāng]/硬币[yìngbì]/邮票/火箭[huǒjiàn]

面：鼓[gǔ]/锣[luó]/旗帜[qízhì]/镜子[jìng·zi]

名：教师/职工[zhígōng]/律师lǜshī]　盘：磁带[cídài]/磨[mò]

匹[pǐ]：马/骆驼[luò·tuo]/布[bù]　片[piàn]：药/树叶[shùyè]/草地/瓦[wǎ]

篇：文章/小说/课文　期：杂志/节目

群[qún]：人/牛/羊/小鸟[xiǎoniǎo]　扇[shàn]：门/窗户[chuāng·hu]

身[shēn]：衣服/礼服/西服　首：歌/曲子/乐曲[yuèqǔ]/诗[shī]

束[shù]：花儿/蚕丝[cánsī]/光　艘[sōu]：船/轮船[lúnchuán]/军舰 [jūnjiàn]

双[shuāng]手/脚/眼睛/袜子[wà·zi]/鞋/筷子[kuài·zi

所：医院/学校　台：拖拉机[tuōlājī]/机器[jī·qì]/电视机/晚会

滩[tān]：血/水泥[shuǐní]　堂[táng]：课

套[tào]：衣服/邮票/家具[jiā·ju]/办法

条：裤子/鱼/围巾/隧道[suìdào]/河/建议[jiànyì]

听：啤酒/饮料/罐头[guàn·tou]　头：牛/猪/狮子[shī·zi]/大象/蒜[suàn]

团：线/棉花[mián·hua]/面/云　位: 先生/领导/父亲

3.5 문장형식의 변형

3.5.1 형식동사 구문

언어는 하나의 시스템이며 문장형식과 문장형식사이에는 연관성이 존재한다. 기본문장형식과 특수문장형식 사이에 일정한 연관성이 있다. 특수문장형식은 기본문장형식에서 파생되어 생성된 문장형식이다. 이와 같이 파생되어 생성된 구문들은 이동, 생략과 같은 문법수단을 이용하여 규칙성을 띤다. 즉 이동과 생략 같은 문법수단은 서로 다른 문장형식 사이에 존재하는 변형관계가 존재함을 시사하기도 한다. 예를 들면

74 **我们已经批评了这个人。**(우리는 이 사람을 이미 꾸짖었다)
(기본문형 – S+V+O–NP_1+V+NP_2)

75 a. **这个人我们已经批评了。**(이 사람을 우리는 이미 꾸짖었다)
(파생구문1–O+S+V–NP_2+NP_1+V)

b. **我们已经对这个人*进行了*批评。**(우리는 이미 이 사람에 대하여 비평을 진행했다/비평했다)
(파생구문2–S+P+O+**进行**+V–NP_1+*P*+NP_2+*V进行*+*NPV*)

c. **这个人，我们已经对他*进行了*批评。**(이 사람은, 우리가 그에 대하여 이미 비평했다)
(파생구문3–S+P+O+***进行***+V–NP_1+*P*+NP_2+*V进行*+*NPV*)
(이 사람은, 우리가 그에 대하여 이미 비평을 진행했다/비평했다)

예문 (74)의 문장성분이동을 통하여 (75)와 같은 3개의 파생구문이 생성되었다. 문장 속에 있는 성분지간에도 힘의 원리가 작용한다고 봐도 무방하다. 언어는 직선으로 순차적으로(linear) 이루어진 성분들의 조합이 문장을 이룬다. 순차적 즉 직선에 놓이려면 앞과 뒤라는 순서가

있게 된다. 힘의 원리에 의하여 뒤에 있는 성분은 항상 앞으로 나가려는 "욕망"이 있고, 조건이 충족되고 기회만 있다면 언제든 앞으로 이동할 수 있다. 타동사는 앞과 뒤에 명사성분을 동반하게 되고, 동사뒤에 위치한 명사성분이 이동할 수 있는 위치는 두개이다. 이동하여 주어의 앞을 차지하거나, 이동하여 동사의 앞에 위치할 수 있다. 예문 (75a)가 바로 타동사 뒤에 위치했던 목적어성분이 주어의 앞으로 이동한 예이다. 이동한 결과 문장성분의 재배치가 이루어 진다. 즉 중국어는 고립어이기에 어순에 근거하여 문장성분이 결정된다. 문장의 가장 앞에 위치한 명사성성분을 주어(주어부분)이라고 규정한다. "파생구문1"의 주어부분 "这个人"은 전체문장의 화제(话题, topic)가 되고, 나머지부분은 화제에 대한 서술부가 된다. (75b)처럼 "파생구문2"는 가장 뒤에 있던 명사성성분이 주어와 동사 사이에 이동하여 삽입되면서(주어 위치에 있는 명사성분과 구분짓기 위하여 혹은 주어가 아님을 표시하기 위하여) 이동되어 삽입된 명사성분이라는 것을 표시하기 위하여 전치사표지(mark)를 동반하게 된다. 이렇게 이동을 통하여 구성된 특수문장형식을 우리는 "把"자문과 "被"자문을 통하여 이미 알고 있다. "파생구문3"는 절로 따라 분리 되었다. 이와 같은 문장형식도 화제와 서술부로 구분되어 설명할 수 있다.

그런데 파동구문에서 특히 예문 (75b-c)는 새로운 형식의 술어인 "进行"의 등장과 기본문장형식구문 (74)의 동사술어 "批评"이 목적어로 된 것을 관찰 할 수 있다. 이것이 우리가 아래에 설명하려는 형식동사구문이다.

위의 예문 (75b, c)와 같이 "进行"과 같은 동사를 우리는 형식동사라 하고. 이런 동사들을 동반한 구문을 형식동사구문이라 한다. 중국어에는 아래와 같은 형식동사가 존재한다.

进行[jìnxíng] 진행하다, (어떤 활동을) 하다
予以[yǔyǐ]……을 주다, ……되다
加以[jiāyǐ]……을 가하다, ……하다
给予[jǐyǔ]……을 주다, ……을 보내다, ……하게하다, ……하다
给以[gěi//yǐ] (문어체) ……주다
作[zuò] ……하다

〈도표-1〉

위의 <도표-1>의 동사들은 구문에서 동사술어위치를 차지하고, 동사술어위치에 있던 예문 (75b)의 "批评"은 이동하여 목적어성분이 된 것을 알 수 있다. "进行"과 같은 동사를 중국어에서는 "형식동사"라 칭한다. 말 그대로 "형식적으로만" 동사 위치를 차지한다는 뜻이다. 예를 들면

76 우리는 이 문제에 대하여 진지하게 토론하였다

a. 我们对这个问题*进行*了认真的讨论。

b. 我们认真地*讨论*了这个问题。

77 회사에서 직원들에게 장려했다

a. 公司对这些员工*予以*奖励。 (予以[yǔyǐ] 奖励[jiǎnglì]

b. 公司*奖励*了这些员工。

형식적인 면에서 볼 때 예문 (76a)의 술어 동사는 "进行"이다. 그러나 전체 문장에 나타나는 구체적인 동작 행위는 "进行"이 아니라 목적어 위치에 있는 "讨论"라는 것을 알 수 있다. 문장 (76a)가 나타내는 의미는 기본문장형식구문인 (76b)와 같다. (77a)의 술어동사는 "予以"이다. 그러나 전체문장에 나타내는 구체적인 동작 행위는 "予以"가 아니고 "奖励"라는 것을 알 수 있다. (77a)의 형식동사 구문이 나타내는 의미는 기문문장형식구문인 (77b)와 같다는 것을 알 수 있다. 즉 중국어와 한국어의 대응관계를 놓고 볼 때 한국어에는 하나의 형식이 존재하지

만 중국어에는 위의 예문(76-77a-b)처럼 두 가지 형식이 존재함을 볼 수 있다. 이런 것을 언어간 형태론적으로 1대2의 대응관계가 존재한다고 한다.

형식동사의 특징 1 :

형식동사 "予以, 加以, 给以"를 제외하고 "进行, 给予, 作"와 같은 형식동사 뒤에 "了, 着, 过"와 같은 동태조사, "一下"와 같은 동량보어 성분을 동반할 수 있다. 예를 들면

进行/给予/作 + 了/着/过/一下
~~予以, 加以, 给以 - 了/着/过/一下~~

〈도표-2〉

78 a. 他们对这个问题*进行了*深入的调查。
(그들은 이 문제에 대하여 깊이 조사했다)

b. 考察队正对这个地区*作着*细致的调查。
(考察队[kǎochádui] 细致[xì·zhì] 탐사대는 이 지역에 대하여 세밀한 조사를 했다)

c. 对方也曾经*给予过*积极的配合。 (配合[pèihé])
(상대방은 일찍 적극적인 협력을 했다)

형식동사의 특징 2 :

형식동사 뒤에 반드시 2음절 타동사를 동반하여야 한다. 이것은 형식동사구문이 지닌 중요한 특징이다. 그리고 이 타동사의 음절은 반드시 2음절이 여야 하고, 이 2음절 타동사는 또한 명사성도 지니고 있다. 즉 한국어에는 "하다" 동사가 이 부류에 속하는 타동사들이다. 예를 들면

79 우리는 이 문서에 대하여 진지하게 학습했다

a. 我们对这个文件*进行了*认真的*学习*。

a'. 我们认真地*学习了*这个文件。

b. ~~我们对这个文件*进行了*认真的学~~。

b'. 我们认真地学了这个文件。

예문 (79a)는 형식동사 "进行"이 술어동사이고, "学习"가 명사구 "认真的学习"를 구성하여 문장의 목적어가 된 문장이고, (79a')는 "学习"가 타동사로서 목적어 "这个文件"을 동반한 기본문장형식이다. 그러나 (79b)에서 "进行"의 목적어로 단음절 "学"일 경우 비문법적인 문장으로 처리되는 것을 볼 수 있다. 기본문장형식인 (79b')는 단음절 동사 "学"가 목적어를 동반하였을 경우 기본문장형식 문장으로 된다. 이와 같이 (79a'-b')처럼 기본문장형식구문에서 동사는 음절수와 상관없이 모두 문법적인 문장을 구성하지만 (79a-b)처럼 형식동사가 있는 구문에서는 음절수는 결정적인 기능을 한다는 것을 알 수 있다.

일반문장형과 형식동사구문의 변형

형식동사구문에 사용되는 목적어는 기본문장형식구문에서 사용되는 타동사임을 알 수 있다. 이 타동사는 동사성과 명사성을 겸하고 있다. 동사성과 명사성을 겸하고 있다는 것을 우리는 형식동사구문으로의 변형을 통하여 알 수 있다. 기본문장형식구문이 형식동사구문으로 변형할 때 아래와 같은 성분들의 위치이동이 있음을 알 수 있다.

주어	술어	목적어
행위자	동사	수령자
S	V	O
NP_1	Vab	NP_2
NP_1	$[P+NP_2]+V_{형식}$	*NPv-ab*

〈도표-3〉

위 도표에서 위치이동이 있음을 알 수 있다. "행위자"는 두 구문에서 변화가 없지만 술어부분과 목적어부분에 혼잡한 이동이 이루어 졌다. 그러나 모두 규칙적으로 이루진 것이다. 기본문장형식이 형식동사구문으로 변형하려면 먼저 "V형식" 형식동사가 기본문장형식의 술어위치를 찾이하고, 기본문장형식의 술어위치에 있던 이음절타동사 "Vab"는 형식동사구문의 목적어 "*NPv-ab*"로 이동하고, 기본문장형식의 수령자목적어 "NP_2"는 형식동사 "V형식"앞으로 이동하는데, 반드시 수령자의미를 나타내는 전치사 "*P*-preposition"를 동반하여 전치사구를 구성하야 한다.

형식동사의 특징 3 :

형식동사가 동반한 타동사목적어에는 관형어가 동반될 수 있다. 이 관형어는 타동사가 기본문장형식에 동반되었던 부사어가 이동한 것이다. 예를 들면

80 우리는 이 회의를 진지하게 준비했다.

a. 我们*认真地准备*了这次会议。

b. 我们*对这次会议*进行了*认真的*准备。

81 지도자는 직원들에게 정신적면에서 칭찬하였다.

a. 领导*在精神上*奖励了员工。

b. 领导*对员工*给予了*(在)精神上的*奖励。

예문 (80a)의 2음절 타동사 술어 "准备"의 수식어 부사어성분 "认真"도 형식동사구문 (80b)에서 함께 타동사목적어의 수식어 관형어로 이동하였다. 여기서 주의하여야 할 것은 문장성분의 변화는 표지의 변화이기도 하다. 부사어의 표지 "地[·de](성조없음. 土也'地'라고 칭함)"가 관형어의 표지 "的[·de](성조없음. 白勺[bái sháo]'的'라고 칭함)"로 변경해야한다. 형용사는 동사를 수식하는 부사어성분도 될 수 있고 명사

를 수식하는 관형어성분도 충당할 수 있기에 문법적 표지(mark)에 유의하여야 한다.

예문 (81a)의 2음절 타동사 술어 "奖励"의 범위부사어성분 "在精神上"는 전치사 구문 "在……上"으로 구성되었기에 부사어성분이 될 때는 문제가 되지 않지만, (81b)처럼 관형어 성분이 될 때 관형어 표지인 "的[·de]"를 사용하여야 한다.

형식동사의 표현기능

형식동사의 특징을 통하여 알 수 있다시피 형식동사구문과 비형식동사구문이 나타내는 기본내용은 같고, 표현형식만 다르다. 표현형식이 다르면 표현효과면에서 차이가 있다.

형식동사구문 표현기능 1 : 정식적이거나 엄숙한 어기를 나타낸다. 예를 들면

82 a. 我们讨论了这个问题。
b. 我们对这个问题*进行了*讨论。

예문 (82a)는 일반적인 문장색채를 지니고 있고, (82b)는 공문이나 글말과 같은 엄숙한 문장색채를 지니고 있다.

형식동사구문 표현기능 2 : 문장구조를 조절하는데 사용되며 음률을 조화롭게 한다.

83 一方面用法律*保护了*公民；另一方面又用劳力*进行了*普遍的帮助。
(한편으로는 법률로 국민을 보호했고, 다른 한편으로는 노동력으로 보편적인 도움을 주었다)

예문 (83)의 병렬형식의 텍스트에서 뒤에 위치한 절이 만약 "用劳力普遍帮助了……"로 서술하였다면 비록 문법적인 문장으로 인정이 되지만 형식동사를 사용한 문장보다는 표현효과가 많이 떨어진다. 중국어의 형식동사를 사용한 구문은 구조가 정연하고, 균형이 잡히기에 음절면에서 리듬적인 조화를 이룬다. 위 예문이 바로 이런 표현효과를 위하여 조건을 제공하여 주었다고 볼 수 있다.

비동작 동사로 구성된 문장은 변형형식이 있을 수 없다. 예를 들면

84 a. 她*姓*王。 (그녀는 왕씨다)
b. 我*有*一个朋友。 (나는 친구 한명이 있다)
c. 十乘七*等于*七十。 (10에 7을 곱하면 70이다)

예문 "姓, 有, 等于"와 같은 동사들은 동작성이 없기에 변형형식도 존재하지 않는다. 이 예문을 통하여 모든 구문이 모두 변형될 수 있는 것이 아니라는 것을 알 수 있다.

3.5.2 존현문의 변형

우리는 3장1절에서 존현문에 관하여 배웠다. 이런 존현문이 "이동"이라는 문법적인 수단을 통하여 비존현문으로 변형된다. 예를 들면

85 a. 门口站着一个人。 (문 앞에서 한 사람이 서있다)
b. *有*个人*在*门口站着。=有一个人 (어떤 사람이 문 앞에 서 있다)
86 a. 墙上挂着一张画儿。 (벽에 그림 한 장이 걸려있다)
b. *有*张画儿*在*墙上挂着。=有一张画儿(어떤 그림 한 장이 벽에 걸려있다)
87 a. 门外跑进来一个人。 (문밖에서 한 사람이 뛰어 들어왔다)
b. *有*个人*从*门外跑进来。=有一个人 (어떤 사람이 문밖에서부터 뛰어 들어

왔다)

88 a. 昨天死了一个人。 (어제 한 사람이 죽었다)

b. *有个人昨天死了*。=有一个人 (어떤 사람이 어제 죽었다)

예문 (85-88a)는 존현문 "NL처소+V着/进来+NP사람/사물"으로 구성되었다. 이런 존현문이 처소구주어(NL)와 사람/사물을 가리키는 명사구 목적어(NP사람/사물)의 "이동"을 통하여 비존현문으로 변형되었다. 이 과정에 주어로 이동된 "NP사람/사물"이 비확정적지시이다. 비확적지시가 주어 위치를 차지하려면 반드시 비확적지시표지인 "有"를 동반하여야 한다. 때문에 "有+ NP사람/사물"을 구성한 다음 주어가 될 수 있다. 그리고 처소구는 주어와 동사 사이에 위치하여 부사어의 기능을 수행하게 되기에 처소를 나타내는 전치사 "P"와 처소사/처소구가 결합하여 전치사구 "P+NL처소"를 구성하여야 한다. 예문 (85b)의 "门口"는 "在门口", (86b)의 "墙上"는 "在墙上", (87b)의 "门外"는 출발점을 나타내는 전치사와 결합하여 "从门外", (88b)의 시간사 "昨天"는 주어와 동사 사이에서 바로 부사어기능을 한다.

존현문의 변형전과 변형후의 문장유형은 다르지만 나타내려는 기본내용은 같다. 여기에서 말하는 기본내용은 번역해서 나타내는 "의미"를 가리킨다. 문법적의미는 문장유형이 다름에 따라 다른다. 존현문이 묘사(描述, description)의 의미를 나타낸다면 비존현문은 서술(陈述, narration)의 의미를 나타낸다.

3.5.3 "把"자문과 "被"자문의 변형

"把"자문과 "被"자문은 대부분 자유롭게 변형할 수 있다. 예를 들면

89 a. 他*把那笔钱丢了*。 (그는 그 펜을 잃어버렸다)

b. 那笔钱*被他*丢了。 (그 펜은 그가 잃어버렸다)

90 a. 孩子*把玻璃*打碎了。 (어린이가 유리를 깼다)

b. 那玻璃*被孩子*打碎了。 (그 유리는 어린이가 깼다)

예문 (89-90a)는 행위자주어와 "把+수령자목적어"가 결과를 나타내는 동사 "丢, 打碎"로 구성된 "把"자문이다. 이런 "把"자문은 예문 (89-90b)처럼 수령자주어와 "被+행위자목적어"가 결과를 나타내는 동사 "丢, 打碎"로 구성된 "被"자문으로 변형이 가능하다. 이런 형식을 지닌 대부분의 "把"자문과 "被"자문은 자유롭게 변형을 진행할 수 있다. 그러나 아래와 같은 "把"자문은 "被"자문으로 변형할 수 없다. 예를 들면

91 나는 그 문제를 잘 생각했다

a. 我把问题*想清楚了*。

b. ~~那问题被我想清楚了~~。

c. 我*想清楚了*那个问题。

92 나는 그 책을 다 봤다.

a. 我把那本书*看完了*。

b. ~~那本书被我看完了~~。

c. 我*看完了*那本书。

예문 (91-92a)는 자주적인 행위인 "想清楚, 看完"같은 동작행위이다. 이와 같은 동작 행위는 "화자가 손해를 보거나 바라지 않는 일"이 아니기에 "被"자문으로 변형할 수 없다. 이런 문장들은 예문 (91-92c)처럼 기본문장형식으로만 변형이 가능하다.

93 이 비밀은 다른사람이 알게 되었다. / 다른 사람이 이 비밀을 알게 되었다.

a. 这个秘密被别人*知道了*。

b. ~~别人把这个秘密知道了~~。

c. 别人*知道了*这个秘密。

94 나는 그들을 우연히 마주쳤다. / 그들은 나를 우연히 마주쳤다.

a. 我被他们*撞见了*。

b. ~~他们把我撞见了~~。

c. 他们*撞见了*我。

예문 (93-94a)는 "知道, 撞见"과 같은 동사들은 "被"자문에 사용할 수 있지만 "把"자문에는 사용할 수 없다. 이런 동작들은 "처리/처치"를 할 수 있는 의미가 없기 때문이다. 그러나 예문 (93-94c)기본문장형식으로의 변형은 가능하다.

Chapter

4 시간표현

4.1 시간표현

시간에 관하여 우리는 낯설지 않다. 언어표현에 있어서 시간을 제외시킬 수 없다. 화자가 어떤 사건에 관하여 서술할 때 화자가 관심을 기울이는 것은 "누구, 무엇, 언제, 얼마 동안, 어디에서, 어떻게"와 같은 의문일 것이다. 여기에서 "언제(什么时候)"와 "얼마 동안(多长时间)"이 바로 시간을 나타내는 내용이다. 우리는 "今年, 今天, 现在, 此刻"와 같은 시간명사를 배웠고, 또 "曾经, 已经, 正在, 马上, 就, 才"와 같은 시간부사들도 알고 있다. 이와 같은 시간명사 혹은 시간부사를 사용하여 "언제"에 대한 질문에 답 할 수 있을 것이고, "一年, 一个月, 一个星期, 一个小时, 20分钟"과 같은 시간의 길이를 사용하여 "얼마 동안"이라는 질문에 답 할 수 있을 것이다. 예를 들면

1 Q: 他*什么时候*来?
A: *今天*来。

2 Q: 他*什么时候*走?
A: *马上就*走。

예문 (1)에서 시간명사 "今天"는 "来" 동작행위시간을 나타내고, (2)에서의 시간부사 "马上"과 "就"는 "走" 동작행위시간을 나타낸다. 다른 유형의 예를 들면

3 Q: 你去吗? (너 갈래?)
A: 不去。(안 갈거야)

4 Q: 你明天去吗? (너 내일 가?)
A: 不去。/明天不去。(안가 / 내일 안가)

중국어는 동사 원형을 사용할 때 미래시제를 나타낸다. 예문 (3)은 미래시제에 대한 질문이다. 그렇다면 답도 (1A)처럼 미래시제로 답해야 할 것이다. 예문 (4Q)는 미래시간명사 "明天"를 사용하여 질문하였다. 청자에게 구체적인 시간정보를 전달하기에 완성된 문장이라고 할 수 있다. 예문 (3)에는 구체적인 시간이 없기에 예문 (4)보다는 모호하다. 예를 들면

5 ? 孩子生病。

6 a. 孩子生病了。 (아이가 병 났다)
b. 孩子*要*生病了。 (애가 병 날 것 같다)
c. 孩子*已经*生病了。 (애가 이미 병났다)
d. 孩子生*过*病。 (애가 병 난적 있다)
f. 孩子*刚*生病。 (애가 방금 병 났다)

예문 (5)와 같은 문장은 청자에게 정확한 의미전달을 할 수 없다. 청자가 무슨 의미인지를 정확히 파악할 수 없기에 완성된 문장이라고 볼 수 없다. 완성된 문장에는 "시간"적 표현을 나타내는 "성분"이 필요하다. (6a)는 상태의 변화를 나타내는 어기조사 "了"를 사용하여 "아프지

않던 아이가 아픈 상태로 바뀜을 표시하고, (6b)는 미래시제를 나타내는 구문 "要......了"를 사용하여 병이 날것을 추측하는 의미를 나타내고, (6c)는 과거시제를 나타내는 구문 "已经......了"를 사용하여 병이 이미 걸렸음을 나타내고, (6d)는 경험을 나타내는 동태조사 "过"를 사용하여 아픈적 있음을 나타내고, (6f)는 근접과거 시간부사 "刚"을 사용하여 시간적으로 현재로부터 가장 가까운 시간에 병이 났음을 나타낸다. 이렇게 문장을 완성하려면 정확한 시간적 표현이 있어야 의미 파악에 오류가 생기지 않는다. 이와 같이 "孩子生病"와 같은 형식은 시간적인 정보가 주요하게 구체적인 문맥에 의하여 결정된다. 아래의 예문에서 그러한 상황을 파악할 수 있다.

7 唉，这段时间真把我们折腾苦了，孩子生病，老婆下岗，单位里也不顺心。
(折腾[zhē·teng] 下岗[xiàgǎng]
(아이구, 한 동안은 우리를 정말 괴롭혔어요. 애는 아프고, 마누라는 퇴직하고, 직장내 일도 안 풀렸어요)

예문 (7)는 완성된 하나의 텍스트이다. 첫 문장은 총체적인 서술이고, 나머지 세 문장은 첫번째 문장에 대한 원인설명이다. 즉 "한 동안(这段时间)"이라는 시간이 첫번째문장의 주어이고, "我们"이 "把"의 수령자 목적어로 되어 "처치의 대상"이 되었다. 행위자 주어 "시간"이 "우리"를 "이리저리 휘둘러서 괴롭혔다(折腾+苦)"로 텍스트에서 전체문장의 주어가 되고, "우리를 괴롭혔던" 사건 들은 "과거시간"속에서 발생한 사건들이기에 "묘사성적인" 구문으로 기술되었다. 즉 "애가 아픈"상황, "마누라가 퇴직"한 상황, "직장에서 일이 안 풀리"는 상황 3개가 병렬되어 "괴롭혔던" 사건으로 기술되었다. 이와 같은 과거 사건에 대한 기술적 묘사에 "시제"성분을 첨가하지 않는다. 이 부분은 텍스트문법이라고 할 수 있다. 이와 같은 문맥 속에서 "孩子生病"은 과거사건에 대한 기술이기에 시간성을 나타내는 표지들을 사용하지 않는다.

과거시제표현에 있어 중국어를 배우는 학생들이 자주 범하는 오류는 아래와 같은 문장들이다.

8 아주 어릴 때 나는 내가 중국을 좋아하는 것을 *알게 되었다/발견했다.*

a. ~~在我很小的时候，我就发现了我很喜欢中国~~。

b. 在我很小的时候，我就*发现*我很喜欢中国。

9 나는 그가 상해에 갔다는 것을 *들었다.*

a. ~~我听说了他到上海区了~~。

b. 我听*说*他到上海去了。

10 이 때 선녀들은 그녀를 여기에 남으라고 *설득했다.*

a. ~~这时，仙女们劝了她留在这里~~。

b. 这时，仙女们*劝*她留在这儿。

11 내가 20살 때 부모님은 운전을 배우라고 *강요했다.*

a. ~~我二十岁的时候，父母强迫了我去学开车~~。

b. 我二十岁的时候，父母*强迫*我去学开车。

예문 (8-11)의 한국어 문장을 보면 모두 과거시제 "~었다"를 사용하였다. 그래서 중국어에서 (8-11a)처럼 동사 뒤에 "了"를 사용하여 완료시제를 나타내면 비문법적인 문장으로 처리된다. 예문 (8-9)는 하나의 절 혹은 문장이 목적어가 되는 구문이다. 즉 "S+V+O_S"에서 중국어는 절이 목적어가 될 경우 전체문장의 술어동사 "V(发现/听说)"뒤에 시제표지를 사용할 수 없다는 규칙이 있다. 그러나 목적어가 명사구일 경우 술어동사에 시제표지를 동반한다. 그렇지 않으면 비문법적인 문장 혹은 "孩子生病"과 같은 문장이 된다. 예를 들면 도표와 같이 표시할 수 있다.

S + V + O → S + V -~~了/着/过~~+ (s+v+o)/(vp)
S + V + O → S + V了/着/过 + NP

12 콜롬버스는 신대륙을 *발견했다.*

a. 哥伦布发*现了*新大陆。

b. ??哥伦布*发现*新大陆。(의미가 명확하지 않음)

13 나는 이 소식을 들었다.

a. 我*听说了*这个消息。

b. ~~我听说这个消息~~。

4.2 시점과 시간의 길이

시간은 우리에게 보이지도 않고, 만져지지도 않지만 우리는 "시간"이라는 개념을 인식하여 "一年(1년)" "365天(365일)" "二十四个月(24개월)" "一星期(1주일)" "一天(1일)"과 같은 시간사를 사용하고, "早上(아침)"은 "中午(점심)"이전이고, "晚上(저녁)"은 "中午(점심)"이후이며, "一个小时(1시간)"은 "十分钟(10분)"보다 길다는 것과 같은 것들을 인식하였다. 이런 인식들이 이미 시간의 "点(점)"과 시간의 "段(길이)"에 대한 형식을 포함하고 있다. 단지 일상생활에서 이러한 "지식"들을 의식하지 않을 뿐이지만 언어 속에서 표현되는 시간표현을 이해하려면 이런 개념들에 관심을 하지고 구별하여야 한다.

우주공간에서의 시간은 방향이 없고, "물리학적 시간은 흐르지 않는다"고 하지만 인식을 바탕으로 하는 언어에 표현 된 시간은 2차원적인 직선으로(linear) 표현하고 방향은 왼쪽에서 오른쪽으로 흐른다고 설정한다. 도표로 표현하면 다음과 같다.

〈도표-1〉

"现在(현재)"를 중심으로 좌측화살방향으로 과거시간 "过去(과거)"를 표시하고, 우측화살방향으로 미래시간 "将来(장래)"을 표시한다. <도표-1>의 "现在", "过去", "将来"는 여전히 시간의 범위를 나타낸다. 만약 구체적인 시간치를 부여한다면 아래 도표와 같이 "시점"이 생성 될 것이다. 예를 들면

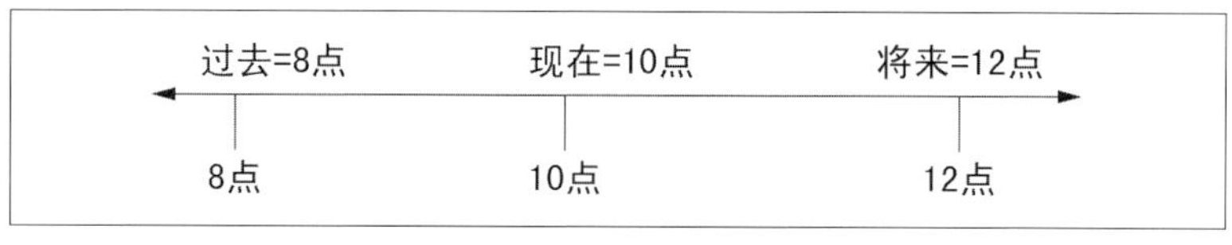

〈도표-2〉

<도표-2>의 세 개의 구체적인 시간이 시간의 연장선에서 새 개의 점인데 이것을 우리는 시간을 나타내는시점(时点, time point)이라 한다. 우리는 <도표-1>의 "现在", "过去", "将来"에 임의의 시간치를 부여한다면 아래와 같은 시간사로 표현할 수 있다. 예를 들면

14 现在=今天/三月/今年……
过去=昨天/前天/一月/去年/前面……
将来=明天/后天/四月/明年/后年……

우리는 "年(년)"부터 "季(계절)"까지, "星期(주일)"까지, "日(일)"까지, "时(시)"까지, "分(분)"까지, "秒(초)"에 이르기까지 위의 예문(14)

처럼 모두 임의의 시간을 나타내는 층차표시에 임의의 시점을 부여할 수 있다.

두 개의 시점 사이에 형성되는 시간의 거리가 있는데 이것이 바로 우리가 위에서 언급했던 시간의 길이 혹은 기간(时段/期间, period of time)이다. <도표-2>의 "8点"과 "十点"사이에는 일정한 거리/길이가 존재하며 이 길이가 만약 "小时(시간)"으로 계산하면 "两个小时(2시간)"이고, 만약 "分钟(분)"으로 계산하면 "120分钟(120분)"이라는 기간이 되고, 당연히 "초"로도 계산할 수 있고 그보다 더 작은 단위로도 계산할 수 있을 것이다. 시점과 시간의 길이/기간을 구별하는 것은 중국어에서 아주 중요하다. 그것은 이 두 시간 표현단위가 문장에서의 위치가 다르기 때문이다. 예를 들면

15 나는 그 곳에서 *3개월* 기다렸다.

a. ~~我在那儿等了*3月*~~。

b. 我在那儿等了*3个月*。

16 숙제를 나는 *20분*에 바로 끝냈다.

a. ~~作业我*20分*就做完了作业~~。

b. 作业我*20分钟*就做完了。

17 나는 수업을 1시간 했다.

a. ~~我上了一*时间*课~~。

b. ~~我上了一个*时间*课~~。

c. 我上了一个*小时*课。

= 我上了一个*小时*的课

= 我上了一*小时*课

= 我上了一*小时*的课

예문 (15)에서의 "3개월"은 "3개월 동안"이라는 기간을 나타낸다. (15a)의 "3月"는 "3월"이라는 시점을 나타낸다. 양사 "个"를 사용하여

"3个月"로 표현하여야 기간을 나타낸다. (16)의 "20분"는 "20분동안/기간"이라는 의미로 이해할 수 있다. 왜냐하면 주제가 "숙제"이기에 숙제하는데 걸리는 시간이 바로 시간의 길이 이기에 (16b)와 같이 "20分钟"을 사용해야 하지 (16a)처럼 시점을 나타내는 "20分"을 사용하면 비문이 된다. 예문 (17)는 한국학생들이 가장 많이 틀리고 헷갈리는 예문이다. 한국어의 "시간"은 한문으로 쓰면 "時間/时间"이고, "기간"의 의미를 나타낸다. 즉 시간의 길이를 표현한다. (17)에서 "1시간"을 (17a)처럼 "一时间"을 사용하게 되면 현대중국어의 "一时间"은 "한순간/갑자기" 혹은 "가장먼저/원타임"이라는 의미를 나타내기에 비문법적인 문장으로 처리되고, "시간의 길이"을 중국어에서는 "小时"로 표현하기에 예문 (17c)와 같이 "一个小时" 혹은 "一小时"로 표현하여야 한다.

다음에는 시점과 기준점에 대하여 알아보자. 위와 같이 과거 현재 미래를 우리는 직선으로 표시하였다. 시간의 위치(시점)을 확정하려면 위치의 참조점을 정하는 문제가 생기게 된다. 우리가 "明天"을 언급할 때 참조점은 "今天"이고, "去年"을 언급할 때 참조한 시간은 "今年"이다. 이런 참조점이 바로 시간을 확정하는 기준점이 된다. 언어표현에 있어서 일반적으로 발화시간을 기준점으로 한다. "今天", "今年"은 모두 발화시간의 시점에 맞춘 것이다. 아래의 도표를 보면

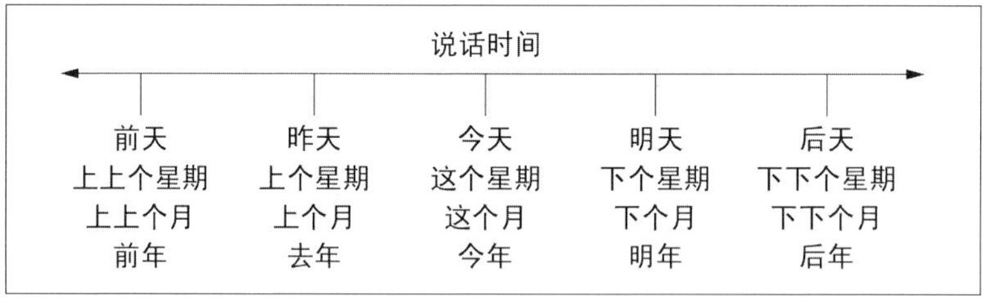

〈도표-3〉

화자의 발화시간(说话时间)을 기준으로 하여 "今天(오늘), 这个星期(이번주), 这个月(이번달), 今天(오늘)"과 같은 시간명사가 생성되고, 이 기준 이전은 과거이기에 "昨天(어제), 上个星期(지난주), 上个月(지난달), 去年(작년)", 그 전 과거는 "前天(그저께), 上上个星期(지지난주), 上上个月(지지난달), 前年(재작년):이 될 것이다. 발화시간 이후는 미래이기에 "明天(내일), 下个星期(다음주), 下个月(다음달), 明年(내년)"과 같은 시간사가 생성되고, 이 이후는 "后天(모레), 下下个星期(다다음주), 下下个月(다다음달), 后年(후년)"와 같은 시간사가 생성될 것이다. 아래 예문은 참조시간에서 혼란이 온 텍스트이다.

18

나는 9월10일 아침 북경에 *도착했다*. 대사관 사람 한 분이 나를 대사관까지 안내했다. 식사를 마친 다음 나를 데리고 상점에 가서 물건들을 샀다. *이튿날*, 다른 사람 한 분이 나와 함께 고궁을 참관했다. 고궁은 아주 크고 아주 재미 있었다.

我是9月10日早上到北京的。使馆的一个人把我接到使馆，吃完饭以后带我去商店买东西。*明天*，别的一个人和我一起参观故宫。故宫很大，很有意思。

故宫=故宫博物馆=紫禁城[Zǐjìnchéng]자금성

위의 텍스트의 문제점은 시점을 나타내는 시간사사용이 틀린 것이다. 이 텍스트의 시간관계를 <도표-4>로 표시할 수 있다.

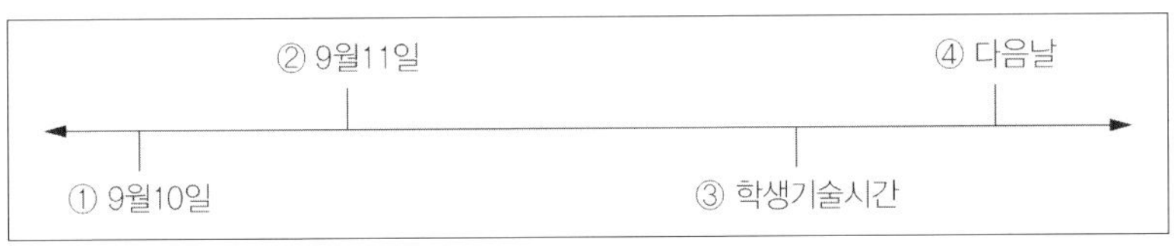

〈도표-4〉

시점①(작년 9월10일)은 예문 (18)서술에 있어서 과거사건의 한 기준점이고 "9월 11일"은 기준점 시간 "9월10일"과의 관계는 예문에서 서술한 시간③과 다음날④에 해당되지만 "같다"는 의미는 아니다. "明天"는 발화시간을 기준점("今天")으로 한 장소에만 사용할 수 있지만 과거에 발생한 사건의 시간표현에는 사용할 수 없기에 예문 (18)의 텍스트에서 시간명사 "明天"의 사용이 틀렸다. 정확한 도표로 표시하자면 다음과 같다.

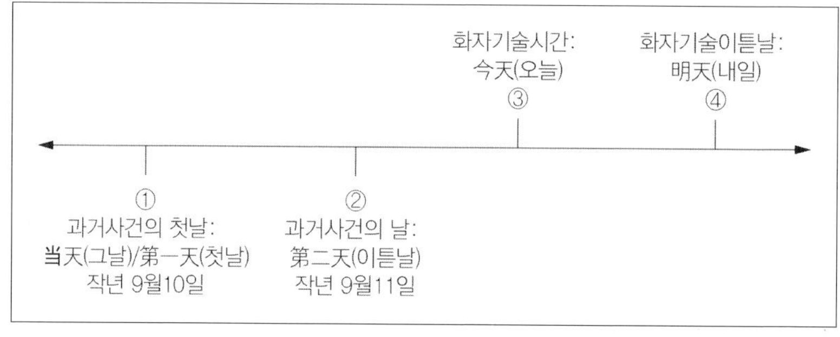

〈도표-5〉

예문 (18)은 아래와 같이 "明天"을 "第二天"으로 수정하여야 위의 도표에서 보여준 과거사건의 "이튿날" 즉 "작년 9월11일"이 된다.

19

我是9月10日早上到北京的。使馆的一个人把我接到使馆，吃完饭以后带我去商店买东西。*第二天*，别的一个人和我一起参观故宫。故宫很大，很有意思。

20

나는 *다음주*에 북경에 한번 다녀 오려 한다. 아마도 8일에 북경에 가서, 그날 옛 친구 한 사람을 뵙고 또 연구소 한 곳도 참관해야 한다. *이튿날*에 본사에 가서 프로젝트에 관한 상황도 좀 알아볼 계획이다.

我想*下个星期*去北京一趟。大概8号去北京，当天要去拜访一位老朋友，还要去参观一家研究所，*第二天*打算到总公司了解一下项目的情况。

当天[dàngtiān]
项目[xiàngmù]

4.3 시간의 길이 표현형식

우리에게 익숙한 시점표현형식은 시간사 즉 시간명사들이다. 언어표현에서 확정된 시점은 구체적인 시간만 사용하는 것이 아니라 다른 형식으로도 표현된다. 시간의 길이 즉 기간을 타나내는 것도 여러가지 형식이 존재 한다.

시점 표현형식

21 시간명사 :
今天，早上，明年，星期一

22 지시대명사 "这/那"를 사용한 시간사 :
这会儿 [zhèhuìr] 이때, 지금
那会儿 [nàhuìr] 그때
这时 [zhèshí] 이때, 지금 =这时候
那时 [nàshí] 그때, 그 당시 =那时候
此刻 [cǐkè] 이때, 지금, 지금 이 시간
这一天 [zhè yītiān] 그날, 이날

这个星期 [zhègexīngqī] 이번주 =这星期
这个季度[zhège jìdù] 이번 분기
这一年 [zhè yìnián] 금년, 이 해, 그 해
这段时间 [zhè duàn shíjiān] 요즘, 그 동안, 이 기간
这个时期 [zhège shíqī] 이 시기, 이때쯤

23 임시대체형 시간사 :

劳动节 [Láodòng Jié] 세계 근로자의 날=国际劳动节, 五一劳动节, "五一"(5月1号)
妇女节 [Fùnǚ Jié] 세계 여성의 날 = 国际妇女节, 三八妇女节, "三八节"(3月8号),
儿童节 [Értóng Jié] 세계 어린이날 =国际儿童节, 六一儿童节, "六一"(6月1号)
教师节 [Jiàoshī Jié] 스승의 날, (9月10号)
国庆节 [guóqìngjié] 건국기념일, 十一国庆节, "十一" (10月1号)
建军节 [Jiànjūn Jié] 국군의 날, 中国人民解放军建军节, (8月1日)
元旦 [yuándàn] 신정, 新年, (1月1日)
春节 [chūnjié] 설날, 음력설, (阴历1月1日)
元宵节 [Yuánxiāo Jié] 정월 대보름날, (阴历1月15日)
清明/清明节 [Qīngmíng Jié] 청명, 踏青节[tàqīngjié] (4月4~6日之间)
端午/端午节 [Duānwǔ Jié] 단오, (5月5日)
中秋/中秋节 [Zhōngqiū Jié] 추석 (阴历8月15日)
圣诞节 [Shèngdàn Jié] 성탄절, 크리스마스, (12月25日)
佛诞节 [Fódàn Jié] 浴佛节 [yù fó jié] 석가탄신일, 초파일, (阴历4月8日)

24 "이벤트+时/的时候/之际/第二年"로 표시되는 사건시간:

a. 我再见到他*时*, 他已经上大学了。(내가 그를 다시 만났을 때 그는 이미 대학교를 다녔다.)

b. *临分手时*, 我送给他一件礼物。(临[lín] 막 헤어지려고 할 때 나는 그에게 선물을 주었다)

c. 上课铃响*的时候*, 他还在外面站着。(铃响[língxiǎng] 수업 종이 울릴 때 그는 여전히 밖에 서있었다)

d. 第二天上午, 我没上课, 因为我醒来*的时候*已经9点了。(醒[xǐng] 이튿날 오전에 나는 학교가지 않았다. 내가 깼을

때 이미 9시가 되었기 때문이다)

e. 你不能在公司用人*之际*离开。(之际[zhījì] 회사에서 일손이 필요할 때 떠날 수 없다)

f. 春节*之际*, 大家都忙着买年货。(年货[niánhuò]설맞이 물건) (설을 앞두고 모두들 설맞이 물건을 사는가 분주하다)

g. 鸦片战争爆发*的第二年*, 又发生了一件大事…… (鸦片[yāpiàn] 爆发[bàofā]) (아편전쟁이 발발한 이듬해에 또 큰 사건이 하나가 발생했다.)

h. 举行首尔奥运会*的那年冬天*, …….(举行[jǔxíng] 奥运会[Àoyùnhuì]=奥林匹克[Àolínbǐkè]运动会) (서울올림픽이 열린 그해 겨울……)

예문 (22)에서 유의해야 할 것 지시대명사 "这/那"와 결합한 시간사는 시점을 표시한다는 점, 예문(23)의 "AB节"는 한국어로 옮길 때 "……날"로 해야 한다는데 유의하고, 문화적 의미를 지난 "명절"은 농경사회를 기초한 것이기에 그냥 명사만 사용하는 것이 원칙이고, 중국어에 "+节"가 첨부되었더라도 한국어로는 "청명, 단오"와 같이 사용하여도 무방하다. 예문 (24)는 사실 시간사는 없지만 이벤트 시간을 나타내는 방식으로서 언어마다 사용되는 장치가 다르지만 대부분 언어에 존재하는 시간을 나타내는 표지들이다.

시간 길이의 표현형식

앞에서 이미 "一天(하루)"이나 "一个小时(한 시간)"와 같은 시간의 길이를 나타내는 시간표현을 알고 있다. 이외에도 아래와 같은 형식들이 있다.

수량구	+	时期 [shíqī] 时间 [shíjiān] 阶段 [jiēduàn]

〈도표-6〉

25 a. 一个+时期=一个时期　　(한 동안)

b. 一段+时间=一段时间　　(일정 시기/기간=얼마동안/얼마간/여러 날/좀 되다/꽤 되다)

c. 一个+阶段=一个阶段　　(한 동안/한 기간)

유의해야할 것은 위의 시점을 나타내는 시간사와 혼동하여서는 안 되나. 예문 (22)의 "这段时间"과 시간의 길이를 나타내는 예문 (25)의 "一段时间"의 용법은 아래와 같이 다르다.

26 우리는 한 동안 준비했다.

a. 我们准备了*一段时间*。

b. ~~我们准备了这段时间~~。

27 우리는 *그동안/요즘/이 기간* 충분한 준비를 했다.

a. 我们这段时间作了充分的准备。

b. ~~我们*一段时间*作了充分的准备~~。

예문 (26-27)처럼 시간을 나타내는 유형이 다름에 따라 용법도 다르다는 것을 알 수 있다. 시점을 나타내는 "这段时间"는 예문 (26b)처럼 동사 뒤에 위치할 수 없고(문장성분으로서 보어성분(补语, complement), 예문 (27a)와 같이 동사의 앞에 위치하여야 한다(문장성분으로서 부사어성분(状语, adverbial modifier). 그러나 시간의 길이를 나타내는 "一段时间"는 시점을 나타내는 "这段时间"과 반대되는 위치를 나타내는다. 예문 (26a)와 같이 동사의 뒤에 위치하여 동작이 진행된 시간을 나타내고(문장성분으로 시량보어), 예문 (27b)와 같이 동사의 앞에 위치(부사어성분)할 수 없음을 보여 준다. 이와 같은 예로는 "一天"과 "这一天"이 있는데 "一天"는 시간의 길이, "这一天"는 시점을 나타내, 또 "一年"과 "这一年"도 마찬기지 유형으로서 "一年"는 시간의 길이를 나타내고, "这一年"는 시점을 나타낸다. 이런것들은 사용함에 있어서 반드시 각별히 유의하여야 한다.

4.4 시점과 시간 길이의 질문형식

시점과 시간의 길이에 대한 질문형식도 다르다. 아래와 같은 질문형식으로 시점과 시간의 길이를 구분할 수 도 있다.

시점에 대한 질문형식

28 기본형식: 什么时候?

29 서로 다른 시점에 대한 질문형식:

a. 点-几点
b. 日-哪天? 几号? 星期几?
c. 星期-哪个星期?
d. 月-哪个月
e. 年-哪年

예문 (29a-e)까지의 구체적인 질문형식은 모두 기본형식인 (28)의 "什么时候"로 대체할 수 있다.

시간의 길이에 대한 질문형식

30 기본형식: 多长时间? 多少时间?

31 a. 秒钟–几秒钟? 多少秒钟?
b. 分钟–几分钟? 多少分钟?
c. 小时–几个小时? 多少个小时?
d. 天–几天? 多少天?
e. 星期–几个星期? 多少个星期?
f. 月–几个月? 多少个月?
g. 年–几年? 多少年?

예문 (31a-g)의 질문형식을 모두 (30)의 기본형식의 질문형식인 "多长时间?"으로 대체할 수 있다. "多少时间?"는 일상생활에서 별로 많이 사용되지 않는다.

4.5 문장에서 시점과 시간길이의 위치

시점과 시간의 길이를 나타내는 단어나 구들이 문장에서 나타내는 문장성분은 같을 수도 있고 다를 수도 있다.

같은 위치

시점과 시간의 길이를 나타내는 단어나 구는 문장에서 주어, 목적, 관형어가 될 수 있다.

32 문장성분: 주어의 위치에 올 수 있음. 예를 들면
a. **今天**是10号。 (오늘은 10일이다)
b. **一天**足够了。 (하루면 충분하다)

33 문장성분: 목적어의 위치에 올 수 있음. 예를 들면
a. 开播时间是**今天**。 (开播[kāibō] 방영일자는 오늘이다)
b. 休期是**一天**。 (휴가는 하루다)

34 문장성분: 관형어성분이 될 수 있음. 예를 들면

a. *三点的*电影你看吗? (3시 영화 볼래?)

b. *三个小时*的电影不算长。 (3시간되는 영화는 길다고 할 수 없다)

예문 (32)에서 시점을 나타내는 "今天"과 시간의 길이를 나타내는 "一天"이 모두 주어성분이 되었고, 예문 (33)에서 각기 목적어성분이 되었고, 예문 (34)의 시점을 나타내는 "三点"은 "电影"을 수식하는 관형어성분이고, 시간의 길이를 나타내는 "三个小时"도 명사 "电影"을 수식하는 관형어성분이다. 이 처럼 시점과 시간의 길이를 나타내는 단어나 구는 문장에서 주어, 목적어, 관형어성분이 될 수 있다.

다른 위치

시점을 나타내는 시간사 혹은 구들은 술어 앞에 위치하여 동사의 수식어 부사어성분(状语, adverbial modifier)이 되고, 시간길이를 나타내는 시간사 혹은 구들은 술어 뒤에 위치하여 동작이 진행된 시간 혹은 동작이 마친 다음 지속되는 시간을 나타내는 시량보어성분(时量补语, time complement of period / time result of period)이 된다. 예를 들면

35 a. 他们*明天*毕业。 (그들은 *내일* 졸업한다)

他们毕业*一年*了。 (그들은 졸업한지 *1년*이 되었다)

예문 (35a)의 시점을 나타내는 시간사 "明天"는 동사 "毕业"앞에 위치하여 시간부사어성분이 되고, (35b)의 시간길이를 나타내는 "一年"는 동사 "毕业"뒤에서 시량보어성분이 되었다. 또 예를 들면

36 a. 他们*一年就*把项目完成了。 (그들은 1년동안에 프로젝트를 바로 완성했다)

b. 他们只用了一*年*，*就*完成了项目。(그들은 1년동안만 사용해서 바로 프로젝트를 완성했다)

37 a. 他们一*年才*把项目完成。。 (그들은 1년동안에야 프로젝트를 완성했다)

b. 他们用了一*年*，*才*完成了项目。 (그들은 1년동안을 사용 해서야 프로젝트를 완성했다)

예문 (36-37)는 위의 (35)과 다른 유형의 구문이다. (36)에는 시간부사 "就"을 사용하여 시간의 길이를 나타내는 시간사 "一年"이 "把"자구 앞에서 시간부사어성분이 되는 문장이다. 이 문형은 예문 (36b)와 같은 기본문장형식 2개가 축약되어 구성된 구문, 축약문(紧缩句, condensed sentence)이다. 이렇게 축약된 문장은 기본문장형식이 특수문장형식인 "把"자문을 사용하고, 시간의 길이를 나타내는 성분을 "把"자구의 앞에 위치시켰다. 축약문은 일련의 과정을 거치는데 우리가 알고 있는 축약문 "一…就…"구문도 "下了课, 就去吃饭(수업을 마치고 바로 밥먹으로 간다)"와 같은 기본문장형식 2개가 축양되어 "一下课就去吃饭(수업이 끈나자마자 바로 밥먹으로 간다"와 같은 축약문 구문이 생성된 것이다.

예문 (37)는 시간부사 "才"를 사용하여 걸린 시간이 주관적으로 판단하기에 훨씬 많이, 늦음을 나나타낸다. 시간부사 "才"에 비해 시간부사 "就"는 걸린 시간이 주관적으로 판단하기에 훨씬 빨리, 적게 듬을 나타낸다.

Chapter

5 중국어의 "상"체계

5.1 동사의 유형

동사를 여러가지 유형으로 분류하는 목적은 동사들이 가지고 있는 특성이 다르기 때문이다. 동사는 사물의 동작행위나 변화 혹은 상태를 나타내는데 이러한 요소들은 시간과 밀접한 관계가 있다. "讨论(토론)"이라는 행위는 반드시 일정한 시간이 지속되어야 하기에 지속적인 특성을 지니고 있고, "爆炸(폭발)"은 지속성은 없지만 시작과 동시에 끝인 특성을 지니고 있고, "变成(변해서……이 되다)"와 같은 동사는 종결성적의미를 지니고 있다. "知道(알다)"와 같은 동사는 동작의 행위나 변화가 없이 정지성을 띤 특성을 지니고 있다. 이처럼 대부분의 동사들은 시간성과 관계가 있으며 시간성은 언어의 시간표현에 있어서 아주 큰 영향을 미친다. 예를 들어 일부 지속성적 특징이 없는 동사는 지속을 나타내는 시간부사 "正在/在"를 동반할 수 없고, 지속성을 나타내는 동태조사 "着"를 동반할 수 없음을 알 수 있다.

1 a. ~~他现在正在毕业着~~
b. 他毕业了。 (그는 졸업했다)

2 a. ~~这个老人在死~~。
b. 这个老人*死了*。 (이 노인은 죽었다)

예문 (1)과 (2)처럼 동사 "毕业, 死"는 지속적인 의미가 없는 동사들이다. 동사자체가 가지고 있는 의미특성에 따라 우리는 동사를 지속성과 비지속성, 정지성과 비정지성으로 구분할 수 있는데 이런 특성들을 우리는 상황(状况, situation)이라 한다. 동사의 상황적특성에 따라 우리는 정지동사(static verbs), 활동동사(activity verbs), 종결동사(telic verbs), 순간동사(momentary verbs)로 분류한다.

정지동사(静态动词, static verbs)

정지상태란 시간적 면에서 볼 때 임의의 한 점에서의 상태가 변화없이 모두 같은 상태를 가리킨다. 예를 들면

3 a. 我*是*老师。 (나는 선생이다)
b. 他*有*许多朋友。 (그는 친구가 많다)
c. 这样做*属于*舞弊。 (舞弊[wǔbì])
(이렇게 하는 것은 부정행위에 속한다)
d. 三加四*等于*七。 (3에 4를 더하면 7이다)

예문 (3)의 동사 "是, 有, 属于, 加"는 모두 정지상태 즉 비지속적인 특징을 지니고 있기에 지속을 나타내는 시간부사 "正在/在"의 수식을 받을 수 없고 이런 동사 뒤에 지속을 나타내는 동태조사 "着"를 동반할 수 없다. 이 그룹에 속하는 동사들로는

是, 有, 属于[shǔyú], 等于[děngyú], 在, 姓, 叫, 像, 不如, 知道, 相信, 认识, 觉得, 懂, 明白, 抱歉[bào//qiàn], 怕

〈도표-1〉

황동동사(活动动词, activity verbs)

강한 동태성을 지닌 동사를 활동동사라 한다. 다시 말하면 동작행위가 무한지속된다는 의리로 해석할 수 있다. 예를 들면

4. a. 女儿一直不停地*说*着。 (딸은 계속 끊임없지 말을 하고 있다)
   b. 他们已经*讨论*了很长时间了，还没讨论完。
   (그들은 이미 아주 오랜 시간을 논의하였지만 아직도 논의를 마치지 못했다)
   c. 大家还在*商*量。 (모두들 아직도 상의하고 있다)
   d. 我们一直追到现在还没追上他。(追[zhuī])
   (우리는 지금까지 계속 뒤를 쫓아갔지만 아직도 그를 따라잡지 못햇다)

예문 (4)에 속하는 동사 "说, 讨论, 商量, 追"는 전형적으로 동작의 지속성을 지닌동사들이다. 이런 동사들 앞에는 지속성을 나타내는 시간부사 "正在/在"의 수식을 받을 수 있고, 또한 지속의미를 나타내는 동태조사 "着"를 뒤에 동반할 수 있다. 이 그룹에 속하는 동사들로는 다음과 같다.

走, 唱, 听, 念[niàn], 读, 跑, 喊[hǎn], 写, 做, 吃 研究, 调查, 分析, 观察, 记录, 生产, 照顾[zhào·gù]

〈도표-2〉

종결동사(终结动词, telic verbs)

동사자체에 이미 종결점이라는 의미를 지닌 동사를 종결동사라 한다. 즉 동작행위가 점차적으로 종결점에 이른다는 의미이다. 아래와 같은 동사들이다.

揭开[jiēkāi], 扩大[kuòdà], 缩小[suōxiǎo] , 提高[tí//gāo],
降低[jiàngdī], 拉长[lā//cháng], 缩短[suōduǎn],
放松[fàngsōng], 抓紧[zhuā//jǐn], 拓宽[tuòkuān], 打通[dǎ//tōng],
理顺[lǐshùn], 改良[gǎiliáng], 改正[gǎizhèng], 搞活[gǎohuó]
成为, 化为, 作为, 化作, 化成

〈도표-3〉

5 a. 我想*解开*这根绳子。 (绳子[shéng·zi] 나는 이 끈을 풀려한다)
b. 旅行可以*扩大*视野。 (여행은 시야를 *넓혀줄 수 있다*)
c. 该政策课*缩小*贫富差距。 (이 정책은 빈부격차를 *좁힌다*)
d. 这种方法可以*提高*工作效率。 (이런 방법은 업무효률을 *높일 수 있다*)
e. 怎么*降低*成本? (어떻게 하면 원가를 *절감 할수 있지?*)
f. 请你把距离*拉长*了。 (당신이 거리를 *벌리세요*)
g. 这样可以*缩短*产品开发周期。 (이러면 상품개발주기를 *단축할 수 있다*)
h. 他不知不觉*放松*了手。 (그는 자기도 모르게 손을 *놨다*)
i. 大家互相把手*抓紧*了。 (여러분 서로 손을 *꽉잡으세요*)
j. 洛东江下流已经*扩宽*了河段。 (낙동강하류는 이미 하단을 *넓혔다*)
k. *打通*了两国间的关系。 (두 나라 사이의 관계를 *소통시켰다*)
l. 我们要*理*顺城乡经济关系。 (우리는 도시와 농촌 간의 관계를 *바로잡아야 한다*)
m. 我们要*改良*职工的生活待遇。 (우리는 직원들의 생활처우를 *개선해야 한다*)
n. 承认并*改正*错误是个好习惯。 (잘못을 인정하고 *바로 잡는* 것은 좋은 습관이다)
o. 拉动内需, *搞活*经济。 (内需[nèixū])
(내수를 진작시켜 경제를 *활성화하자*)

6 a. 他想*成为*一名翻译家。 (그는 번역가가 *되려 한다*)
b. 美梦*化为*泡影了。 (꿈은 물거품이 *되었다*)
c. *作为*大学生, 一定要学好真本领. (대학생으로서 반드시 진정한 재능을 배워야 한다)

d. 冰已经*化成*水了。 (얼음은 이미 물로 *변했다*)

e. 把现在的这些艰难困苦*化作*自己的血和肉，就一定能够获得成功。

(艰难困苦[jiānnánkùnkǔ]

(지금 이 어렵고 힘든 체험을 너의 뼈와 살로 *만들면* 틀림없이 성공할 수 있다)

f. 雪花一沾手，很快就*化成*了水。(沾[zhān] 눈꽃은 손에 닿기만 하면 금새 물로 *변한다*)

예문 (5a-o)의 종결동사의 구성은 "동사성+형용사성"으로 구성되었고, (6a-f)의 종결동사들은 "동사성+동사성"으로 구성되었다는 특징이 있다.

순간동사(momentary verbs)

동작행위가 한 순간에 완성됨을 나타내고 시작과 결말이 거의 일치하거나 완전히 일치되는 동사를 순간동사라 한다. 이 그룹에 속하는 동사들로는 아래와 같다.

死，牺牲[xīshēng]，爆炸[bàozhà]，塌[tā]，塌方 [tā//fāng]，
丢，丢失，破[pò]，坏[huài]，灭[miè]，跌倒[diēdǎo]，下班，
出院[chū//yuàn]，断[duàn]，折[zhé]，倒[dǎo]，完，离开，出发，到达，结束，停止，
终止[zhōngzhǐ]，开始，看见，发现，见到

〈도표-4〉

7 a. 他死了。 (그는 죽었다)

b. 孩子已经醒了。 (어린이는 이미 깼다)

c. 儿子大学毕业了。 (아들은 대학을 졸업했다)

예문 (7)의 동사그룹은 예문 (1-2)에서 기술한 것처럼 지속적인 의미를 나타내는 시간부사 "正在/在"의 수식을 받을 수 없고, 지속적 의미를 나타내는 동태조사 "着"를 동반할 수 없다.

문장의 상태(situation)

위의 4가지 상태(situation)는 동사가 지닌 상태이고, 문장자체도 상태가 있는데 정지상태문장과 활동상태문장이 있다. 일부 동사가 문장에 사용되어 다른 성분과 결합하게 되면 문장이 원래와 다른 상태적 특징을 지니게 된다. 동사의 상태는 경우에 따라 문장의 상태와 일치하지 않다. 예를 들면

첫번째 : 하나의 동사가 두 가지 유형에 모두 속한다.

8 a. 墙上*挂着*一幅画。 (벽에 그림 한 폭이 걸려져 있다)
b. 他正在往墙上*挂着*画。 (그는 벽에 그림을 걸고 있다)

9 a. 床上*躺着*一个人。 (침대에 한 사람이 누워있다)
b. 你*躺到*这边*来*。 (당신이 이쪽에 와 누우세요)

예문 (8a)의 정지상태문장인 존재문에 사용된 "挂"는 "걸다"의 행위를 마친다음의 지속을 나타내기에 정지상태의 의미를 지녔다고 할 수 있고, "挂"행위를 마친 다음의 지속을 동태조사 "着"를 첨가하여 표현된 문장이고, (8b)의 진행을 나타내는 활동상태문장에 사용된 동사 "挂"는 현재 "挂"의 동작을 하고 있음을 나타내며, 동작 "挂"행위를 지속하고 있기에 지속을 나타내는 동태조사 "着"를 첨가하고 현재시간부사어 "正在"로 표현된 문장이다.
예문 (9a)도 정지상태인 존재문에 사용된 "躺"는 이 문장에서 "躺"이

라는 동작행위를 마친마음 지속되는 상태이기에 정지상태의 동사라고 볼 수 있다. 그러니 (9b)의 활동상태의 문장에 사용된 "躺"는 동작행위의 현재의 진행을 나타내기에 활동동사로 봐야 한다.

아래와 같은 동사들은 "挂"와 "躺"처럼 두가지 상태의 특성을 지니고 있다. 동작행위가 완성된 다음의 지속을 나타낼 경우는 정지상태의 동사로 간주하고, 동작행위가 진행되는 상태의 지속일 경우 활동상태 동사로 간주하여야 한다. 이 부류에 속한 동사들로는 아래와 같다.

戴 [dài] 착용한 다음 (정지동사), 착용하고 있을 때(활동동사)
贴 [tiē] 붙인다음 상태(정지동사), 붙이고 있을 때(활동동사)
粘 [zhān] 붙인다음 상태(정지동사), 붙이고 있을 때(활동동사)
抱 [bào] (가슴에)품은 다음 상태(정지동사), 품에 안을 때(활동동사)
扛 [káng] (어깨에)멘 다음 상태(정지동사), (어깨에)멜 때(활동동사)
背[bēi] (등에) 짊어진 다음 상태(정지동사), (등에) 짊어질 때(활동동사)
拿[ná] (손으로) 쥔 다음 상태(정지동사), (손으로)쥘 때(활동동사)
挎[kuà] (팔에) 건 다음 상태(정지동사), (팔에)걸 때(활동동사)
叼[diāo] (입에)문 다음 상태(정지동사), (입에)물 때(활동동사)
穿[chuān] (몸에)착용한 다음 상태(정지동사), (몸에)착용할 때(활동동사)
站[zhàn]선 다음 상태(정지동사), 설 때(활동동사)
蹲[dūn] (일정한 장소에)쪼그리고 앉은 다음 상태(정지동사), (일정한 장소에)웅크려 앉을 때(활동동사)
坐[zuò] (일정한 장소/탈것에)앉은 다음 상태(정지동사), (일정한장소/탈 것에)앉을 때(활동동사)
靠[kào] (물건에)기댄 다음 상태(정지동사), (물건에)기댈 때(활동동사)
趴[pā] (몸을 앞으로 기울려 물건따위에)기댄 다음 상태(정지동사), (……)기댈 때(활동동사)
藏[cáng] (일정한 장소에)숨은 다음 상태(정지동사), (일정한 장소에)숨을 때(활동동사)
躲[duǒ] 피한 다음 상태(정지동사), 피할 때(활동동사)
钻[zuān] (구멍 뚫은 공구로)뚫은 다음 상태(정지동사), (구멍 뚫은 공구로)뚫을 때

(활동동사)

두번째: 같은 동사가 다른 상태의 문장을 구성한다. 예를 들면

10 a. 他在门口*站着*。 (그는 입구에 서있다)
b. 他腾的一下*站了起来*。 (腾的=腾地[téng·de])
(그는 한번 훌쩍 뛰더니 일어섰다)

11 a. 我想一直*看下去*。 (나는 쭉 볼거다)
b. 我*看了*一个电影。 (나는 영화 한편을 봤다)

12 a. 我要不停地*跑下去*。 (나는 쉬지 않고 달려갈 거다)
b. 我就*跑了*一千米。 (나는 딱 천 미터만 뛰었다)

예문 (10a)에 사용된 동사 "站"는 정지상태문장에 사용되었고, (10b)에 사용된 "站"는 첫 번째 동작 "腾的"을 완성되고 바로 이어 동작 "站"을 종결(완료상 "了")과 시작(시작상 "起来")을 순간에 완성하는 순간상태의 문장을 구성하였고, (11a)에 사용된 동사 "看"는 지속과 빈도를 나타내는 부사 "一直"의 수식을 받고, 이음상표지 "下去"을 동반하여 활동상태의 문장에 사용되었고, (11b)에 사용된 "看"는 완료상표지 "了"를 동반하여 종결상태의 문장에 사용되었다. 예문 (12a)는 지속을 나타내는 시간부사 "不停"의 수식을 받고, 이음상 "下去"을 동반하여 활동상태의 문장에 사용되었고, (12b)에 사용된 동사 "跑"는 완료상 "了"를 동반하여 종결상태의 문장에 사용되었다. 이렇게 같은 동사자체의 특성이 문장의 상태특성에 큰 영향을 미치는 것은 그 동사가 동반한 성분 즉 "着, 了, 起来, 下去"조사들이 문장상태의 특성에 아주 큰 영향을 미치는 것을 예문 (10-12)의 동사 "站, 看, 跑"를 통하여 알 수 있다. 이런 성분들을 상(体, aspect)라고 칭한다.

5.2 "상"이란?

상이란 동사가 의미하는 동작의 양태, 특질 등을 나타내는 완료상, 변화상, 미래상, 지속상, 경험상, 시작상, 이음상등과 같은 것들은 문법 형성요소의 간략표기들이다. 형식화하면 조사로 나타나기도 하고, 표면적으로는 "-了, -着, -过, -起来, -下去"와 같은 형식으로 구체화된다. 이런 요소들은 어휘항목에 기재되지 않고, 규범규칙에 의해서 도입된다. 즉 시간의 흐름에 있어 사건이 놓여져 있는 여러가지 서로 다른 상태가 바로 "상"이다. 일부 교재에서는 "태(态)" 혹은 "情貌[qíng-mào]"라고 칭하기기도 한다. 문법용어는 학자들이 본인의 이론에 맞게 칭하기에 너무 신경쓰지 않아도 되지만 외국어를 배우는 입장에서 보편적인 문법용어를 익히면 된다.

중국어의 특징은 상형문자(象形文字)가 대부분이고, 언어유형학적으로 보면 고립어특성을 지니고 있기에 알타이어(한국어, 일본어, 터키어, 몽골어 등) 혹은 인도유럽어족처럼 형태변화가 아주 적다. 외국어로서 영어를 예를 들어보면 사건이 발생한 시간을 아주 중시한다. 사건이 현재 발생한 것인지, 과거에 발생한 것인지, 발생되고 있는 것인지, 아니면 미래에 발생할 것인지가 문법형식에서는 현재시제, 과거시제, 미래시제, 현재진행형, 과거진행형등으로 구분된다. 그러나 중국어는 사건이 발생한 시간에 대하여 그다지 강조하지 않고 사건이 시작했는가 여부, 실현 되었는가 여부, 진행 되고 있는가 여부 등 면에 관심을 가진다. 비록 이런 요소들도 시간과 관계가 되지만(실현 되었음은 늘 과거의 어떤 시간의 발생됨과 같이) 중국어가 관심 갖는 것은 사건이 처한 상태이다. 예를 들면

13

> 나는 어제 그를 만났고 그와 이 문제를 논의하였다. 그는 이 문제는 빠른 시일 내에 해결해야 한다고 *생각했다*.
>
> 我昨天见到了他，并且和他讨论了这个问题。他认为这个问题应该早解决。

예문 (13)의 한국어와 중국어예문을 비교하여 보면 한국어는 사건이 발생한 시간을 중시하여 "생각했다"와 같은 과거상표지를 사용하였고, 중국어는 과거이든 현재이든 모두 "认为"를 사용하였으며, 여기에 "认为了"를 사용한다면 "了"의 작용은 과거를 나타내는 것이 아니라는 점을 기억해둘 필요가 있다. 바로 이러서 이유에 대하여 설명할 것이다. 그리고 번역되었던 "见到了"와 "讨论了"는 과거시제형식이라는 점에 유의하여야 한다. 즉 과거의 것은 늘 동시에 실현된 것이라는 것을 설명하여 준다. 그렇지만 실현된 것은 과거의 것이라고 할 수는 없다. 예를 들면

14 明天下了课我就去找你。 (내일 수업을 마치고 바로 너를 찾아 갈게)

예문 (14)의 "下了课"는 비록 실현된 것이지만 "明天"에 실현된 것이다. 때문에 우리는 중국어의 "了"는 "과거"를 나타내는 문법형식이라고 착각하면 안된다.

위의 예문 (13)의 기술을 통하여 우리는 한국어의 "시제(tense)"를 중시하는 언어이고, 중국어는 "상"을 중시하는 언어라는 것을 알 수 있다. 중국어에서 "상"을 나타내는 문법형식은 동사 뒤에 사용되는 동태조사가 대부분이고, 또 일부 부사도 포함되어 있다. 아래에 동태조사와 부사의 결합이 어떻게 함께 이루어져 상을 나타내는 가를 보겠다.

5.3 완료상 "-了"

한 사건이 출현 혹은 발생의 상태에 처해있을 때 우리는 이 사건이 처한 상태를 완료상(已然体)이라고 한다. "완료"라는 문법의미를 나타내는 전형적인 형식은 동사 뒤에 사용되는 조사 "了"이다. 예를 들면

15 a. 我刚买了一本辞典。 (나는 금방 사전 한 권을 샀다)
b. 我仔细地看了一遍说明书。 (나는 설명서를 자세히 한번 읽었다)

16 a. 我要/想买一本辞典。 (나는 사전 한 권 사고싶어요)
我买一本辞典。(판매원에게) (저는 사전 한권 살 겁니다)
b. 我看一遍说明书。 (나는 설명서 한 번 볼거다)

17 这个说明书我已经看了一遍。 (이 설명서를 나는 상세히 한번 봤다)

예문 (15a)의 "买辞典"과 (15b)의 "看说明书"라는 두 이벤트사건에 "了"를 동반하면서 두 사건은 뚜렷하게 이미 실현되었다. 만약 아직 실현되지 않은 사건이라면 (16a-b)와 같이 서술하여야 할 것이다. 예문 (15)에서의 "了"는 아주 중요한 완료의 기능을 한다는 것을 알 수 있다. 그러나 예문 (17)는 "완료"의 문법적 의미를 진일보 명확히 나타내기 위하여 과거 의미를 나타내는 시간부사 "已经"을 사용한 예문이다. 이렇게 "已经……了"는 구문을 형성하여 중국어에서 "완료상"을 나타낸다.

동태조사 "了"가 "완료"의 의미를 나타내는 외에 중국어에서는 결과보어로 구성된 문장이 일정한 문맥에서 사실상 "완료"의 의미를 나타낸다는 것을 아래의 예문을 통하여 알 수 있다.

18 a. 他腾地*站起来*。 (그는 몸을 솟구치며 일어났다/펄쩍 일어섰다)
b. 书已经*找到*，你就别着急了。 (책은 이미 찾게 되었으니 너는 마음을 졸이

지 마)

c. 明天我*做完*作业就去看你。 (내일 나는 숙제를 다 하고 바로 너 보러 갈게)

19 a. 他腾地*站了起来*。 (그는 몸을 솟구치며 일어났다/펄쩍 일어섰다)

b. 书已经*找到了*，你就别着急了。(책은 이미 찾게 되었으니 너는 마음을 졸이지 마)

c. 明天我*做完了*作业就去看你。 (내일 나는 수게를 다 하고 바로 너 보러 갈게)

예문 (18)는 모두 결과 보어를 통하여 사건이 모두 실현되었음을 나타내기에 완료상 "了" 를 사용하지 않았다. 결과보어 성분인 "-起来/-到/-完"은 결과의미도 나타내고 "실현"의 의미도 나타내기에 완료상 "了"의 첨가는 불필요한 것이다. 그러나 실현의 의미 즉 완료의 의미를 더욱 명확히 하기 위하여 예문 (19)처럼 완료상 "了"를 동반하여도 된다. 특수한 상황에서 종결상태의 동사도(앞절 "종결동사"참조) 실현의 의미를 지니고 있기에 뒤에 완료상 "了"를 첨가하지 않아도 "완료"의 의미를 나타낸다. 예를 들면

20 a. 他已经*成为*一名光荣的教师。 (그는 이미 명예로운 선생님이 되었다)

b. 价格已经*降低*不少。 (가격은 이미 적지 않게 인하되었다)

c. 关系一*理顺*就马上开始施工。 (施工 [shī//gōng])
(관계가 정리되면 바로 공사를 시작한다)

21 a. 他已经*成为了*一名光荣的教师。 (그는 이미 명예로운 선생님이 되었다)

b. 价格已经*降低了*不少。 (가격은 이미 적지 않게 인하되었다)

c. 关系一*理顺了*就马上开始施工。 (施工 [shī//gōng])
(관계가 정리되면 바로 공사를 시작한다)

예문 (20)처럼 종결의미를 지닌 동사 "成为, 降低, 理顺"문장에 완료상 "了"를 동반하면 예문 (21)과 같은 문장 된다. 이런 현상들은 중국어의 "완료상"의 표현형식은 동태조사 "了"만 있는 것이 아니라는 것을 알

수 있다. 단지 "了"는 완료상의 대표성적인 형식이라는 것을 알아두어야 한다. 이런 점을 감안한다면 중국어에 있어서 "완료상"를 나타내는 모든 사건에 동태조사 "了"를 첨가하지 않는 것에 대한 이해는 그다지 어려운 것은 아니다.

5.4 변화-완료상 "-了"

완료상은 사건이 이미 실현되었거나 혹은 이미 발생된 상태이다. 실현 혹은 발생의 본질로부터 보자면 Event-1에서 Event-2로 경유하는 과정이며 이것은 변화의 과정이라고 볼 수 있다. 예를 들면

22 我说了一个句子。 (나는 문장 하나를 말했다)

예문 (22)는 "说句子(문장을 말하다)" 라는 Event-1이 주어진 어떤 시점 앞에 있을 때 "没说(말하지 않음)"상태이며 이 시점 다음에 "已经说(이미 말함)"상태에 진입하게 된다. 이렇게 "没说"부터 "已经说"를 경유하는 과정이 바로 하나의 변화과정이다. <도표-5>로 표시하면 아래와 같다.

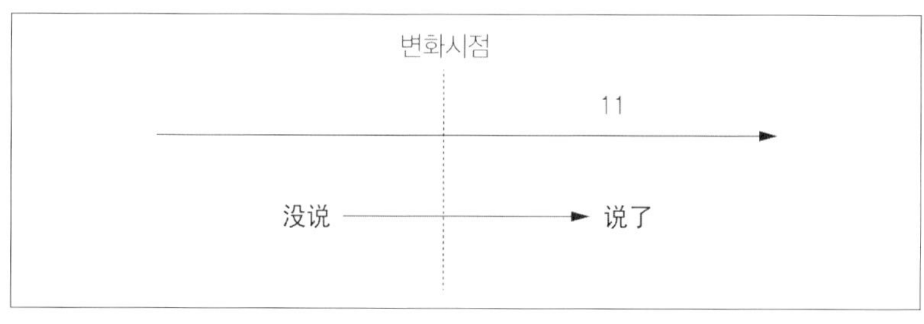

〈도표-5〉

변화의 시점을 중심으로 변화시점 이전일 경우 즉 화살표 반대방향일 경우는 "동작"을 하지 않는 상태이고, 변화시점 이후일 경우 즉 화살표방향일 경우 "동작"을 한 이후의 상태이다. 변화의 시점을 중심으로 "변화"라는 용어를 사용하며 완료상의 본질이라고 할 수 있다. "了"가 첨가된 아래의 문장에서 우리는 변화의 의미가 완료상의 본질이라는 것을 파악할 수 있다.

첫번째 형식 : V정지/Adj.+ 了

23
a. 我已经知道了。 (나는 이미 알고 있다)
b. 他现在有了一些经验。 (그는 지금 경험이 좀 있다)
c. 你真的怕了吗? (너 정말 두려웠어?)
d. 叶子已经红了。 (잎이 이미 빨개 졌어)
e. 饺子熟了。 (물만두는 익었어)
f. 我饿了。 (나는 배고파졌어)

예문 (23a)는 "不知道"에서 "知道"상태로의 변화과정을 완료상 "了"로 표현, (23b)는 "没有"에서 "有"상태로의 변화과정을 완료상 "了"로 표현, (23c)는 "不怕"에서 "怕"상태로의 변화과정을 완료상 "了"로 표현하였고, (23d)는 "绿"에서 "红'"상태로의 변화과정을 완료상 "了"로 표현하였고, (23e)는 "生"에서 "熟" 상태로의 변화과정을, (16f)는 "不饿"에서 "饿" 상태로의 변화과정을 완료상 "了"로 표현하였다.

두번째 형식 : 부정부사+V/A+了

24
a. 我不去了。 (나는 가지 않겠어)
b. 他又不高兴了。 (그는 또 즐겁지 않아)
c. 我已经不是孩子了。 (나는 이미 어린아이가 아니야)

d. 他没有父母了。 (그는 부모님이 돌아가셨어)

예문 (24a)는 “去”에서 “不去”상태로의 변화과정, (24b)는 “高兴”에서 “不高兴”상태로의 변화과정, (24c)는 “是”에서 “不是”상태로의 변화과정, (24d)는 “有”에서 “没有”상태로의 변화과정을 모두 완료상 표지인 “了”로 표현하였다.

세번째 형식: 조동사+V/A+了

25 a. 孩子会走路了。 (어린이는 걸을 줄 알게 되었다)
b. 我想回去了。 (나는 돌아가지 싶어)
c. 他的腿好了, 能走路了。 (그의 다리가 좋아졌으니 걸을 수 있게 되었어)
e. 我应该努力了。 (나는 노력해야 해)
f. 他愿意参加了。 (그는 참가하기를 원했다)

예문 (25a)는 “不会走路”에서 “会走路”상태로의 변화과정, (25b)는 “不想回去”에서 “想回去”상태로의 변화과정, (25c)는 “不能走路”에서 “能走路”상태로의 변화과정, (25d)는 “不应该努力”에서 “应该努力”상태로의 변화과정, (25a)는 “不愿意参加”에서 “愿意参加”상태로의 변화과정을 모두 완료상 표지인 “了”를 사용하여 표현하였다.

네번째 형식: NP+ 了

26 a. 我已经三十岁了。 (나는 이미 30이 되었다)
b. 她都大姑娘了。 (그녀는 이미 다 큰 처녀가 되었다)

(26a)는 “不是三十岁”에서 “三十岁”상태로의 변화과정, (26b)는 “不是大姑娘”에서 “大姑娘”상태로의 변화과정을 모두 완료상 표지인

"了"를 사용하여 표현하였다. 예문 (26)는 사실상 입말에서 많이 사용된다. 사실상 동사를 디폴트한 문장이며 만약 부정하려면 동사를 모두 원상복귀시켜야 한다. 예를 들면

27 a. 我还不到三十岁。 a'. ~~我还不三十岁~~。 (나는 아직 30이 되지 않았어)
b. 她还不是大姑娘。 b', ~~她还不大姑娘~~。 (그녀는 아직 다 큰 처녀가 아니야)

위의 예문 (27a'-b')처럼 부정형식사용에는 동사를 디폴트할 수 없다. 반드시 (27a-b)처럼 동사를 사용해야 한다. 이와 같이 "명사구+了"문장은 긍정형식에서는 동사를 묵인할 수 있지만 부정형식에서는 반드시 표현되어야 한다는데 유의하여야 한다.

완료사실 확인 "-了"

완료사실 확인이란 아래의 예문을 통하여 알아보자.

28 a. 他去了上海。 (그는 상해에 갔다)
b. 他去上海了。 (그는 상해에 갔다)

예문 (28a-b)의 차이점은 "了"의 위치이다. (28a)처럼 "V+了(去了)" 의 "了"는 "去"사건이 이미 발생했음을 나타내고, (28b)의 "S+了(他去上海了)"의 "了"는 "他去上海"사건이 이미 사실화 되었음을 나타낸다. 그 근거는 아래와 같다.

즉 한 회사의 사장님이 "他"를 "上海"에 출장 가라고 시켰고, "他"는 이미 떠났고, 사장님은 비서에게 "他"가 아직도 출장지에 있는가 여부를 물을 때

29 사장: 他现在在吗? (그는 지금 있어?)
비서: 他去上海了。 ~~他去了上海~~。 (그는 상해에 갔어요)

사장님의 질문에 비서는 사실화 되었음을 나타내는 문장형식을 사용해야 한다. 만약 사건이 이미 발생했음을 나타내는 문장을 사용하여 "他去了上海"를 사용하면 비문이 된다. 왜냐하면 "他去上海"는 사장님의 지시사항이고 사장이 "他"가 지금 있는여부에 대한 질문은 "他"가 상해에 이미 갔는지 가지 않았는지를 확인하고 싶은 것이다. 비슷한 예 하나 더 보자.

30 a. 代表团已经回到了北京。 (대표단은 이미 북경에 돌아왔다)
b. 代表团已经回到北京了。 (대표단은 이미 북경에 돌아왔다)

31 Q: 你说的是真的吗? (당신이 말한 것 정말인가요?)
A: 没错, 代表团已经回到北京了。 (틀림없어요, 대표단은 이미 북경에 돌아왔어요)
A'. 没错, ~~代表团已经回到了北京~~。

예문 (30a)의 "回到了北京"는 "回到北京"사건이 이미 출현함을 나타낸다. (30b)의 "回到北京了"는 "回到北京"사건의 사실에 대한 확인을 나타낸다. 진일보 증명하려면 (31Q)처럼 사실확인을 위한 질문 "你说的是真的吗?"를 사용하면 (31A)로 대답 해야하며 (31A')와 같은 사건발생 혹은 출현을 나타내는 구문이면 비문이 된다.

32 a. 我吃了饭。(还要去看一个朋友。) (저는 식사를 했어요-마치고 친구 만나러 가야해요)
b. 我吃饭了。 (저는 식사를 했어요)
c. 我吃了一碗饭。 (저는 식사 한끼를 했어요)

예문 (32a)처럼 동사에 바로 "了"를 첨가하였다면 화자가 하려는 말은 "식사 마치고 친구 만나러 가야 한다"와 같은 내용이 더 있는데 디폴트 되었음을 "V了"형식을 통하여 알 수 있다. 그러나 (32b)와 같은 사실확인을 나타내는 구문이라면 완전히 완성된 문장이다. (32a)가 완전한 문장으로 되려면 (32c)처럼 목적어에 수량사 "一碗"와 같이 명사구 목적어로 구성되어야 한다. 비슷한 예문 들자면

34 a. 代表团回到了北京，就受到了中央领导的接见。

b. ~~代表团回到北京了，就受到了中央领导的接见~~。

예문 (34a)는 첫절의 사건이 완성된 다음 바로 연이어 다른 사건이 진행될 때 "V了"형식을 취한다. 그렇지 않으며 (34b)처럼 비문법적인 문장이 된다. 왜냐하면 "S+了"는 완료사실 확인을 나타내는 구문이기에 뒤에 오는 절이 있을 수 없다.

완료사건의 특성

하나의 완료된 사건에 대하여 화자가 만약 청자에게 이 사건이 발생된 시간, 처소, 방식 등 정보를 알리려면 반드시 "(是)……的"형식을 사용하여 표현하여야 한다. 아래의 도표를 참조한 예문을 보면

<table>
<tr><td rowspan="6">S</td><td rowspan="6">±是 +</td><td>시간</td><td rowspan="6">+的</td></tr>
<tr><td>처소</td></tr>
<tr><td>방식</td></tr>
<tr><td>도구</td></tr>
<tr><td>목적</td></tr>
<tr><td>수반/동행</td></tr>
</table>

〈도표-6〉

35 a. 我*是*10号到北京*的*。 (나는 10일 북경에 도착했어요)
b. 这件衣服我*是*在上海买*的*。 (이 옷은 제가 상해에서 산 거예요)
c. 他*是*坐飞机来*的*。 (그는 비행기 타고 왔어요)
d. 这次演讲她*是*用英语讲*的*。 (이 강연은 그녀가 영어로 한 거예요)
e. 我*是*为了你才这样做*的*。 (나는 당신을 위하여 이렇게 한 거예요)
f. 她*是*跟同学们一起来*的*。 (그녀는 친구들과 같이 온 거예요)

위의 예문 (35)는 모두 "是……的"구문을 사용하여 나타내는 완료사건에 대한 기술이다. (35a)는 "10号到北京(10일에 북경에 도착하다)"를 완료사건의 시간으로 표현하기 위하여 "是10号到北京的"로 표현하고, (35b)는 "在上海买(상해에서 사다)"를 완료사건의 처소로 표현하기 위하여"是在上海买的" 로 표현하고, (35c)는 "坐飞机来(비행기 타고 오다)"를 완료사건의 방식으로 표현하기 위하여"是坐飞机来的"로 표현하고, (35d)는 "用英语讲(영어로 말하다)"를 완료사건의 도구를 표현하기 위하여 "是用英语讲的"로 표현하고, (35e)는 "为了你才这样做(당신을 위하여 이렇게 하다)"를 완료사건의 목적을 표현하기 위하여 "是为了你才这样做的"로 표현하고, (35f)는 "跟同学们一起来(친구와 같이 오다)"를 완료사건의 수반 혹은 동행으로 표현하기 위하여"是跟同学们一起来的"로 표현하였다.

완료사건의 구문에서 "±是……+的"할 수 있다. 예를 들면

36 a. 我用英语讲。 (나는 영어로 말한다)
b. 我是用英语讲的。 (나는 영어로 말했다)
c. 我用英语讲的。 (나는 영어로 말했다)
d. 我是用英语讲。

37 a. 我昨天来的。 (나는 어제 왔었다)
b. 我明天来的。

예문 (35a)는 미래시제를 나타내지만, (35b)는 "是……的"구문을 사용하여 완료사건의 도구를 나타낸다. 이때 이 구문의 "是"는 예문 (35c)처럼 디폴트시켜도 되지만 "的"는 절대 디폴트할 수 없다. 만약 "的"가 디폴트되면 예문 (35d)처럼 비문이 된다. 그리고 예문 (36b)는 "±是……+的"구문이 완료사건의 시간을 나타낸다는 것을 알 수 있다. "明天"을 사용하면 완료사건의 시간 표지"的"를 사용할 수 없다는 것을 보여 준다.

완료사건의 부정

아직 사건이 발생하지 않았을 때 완료사건의 부정형식은 아래와 같다.

没/没有 + V/Adj.

〈도표-7〉

37 a. 她还*没写完*。(그녀는 아직 다 쓰지 않았다) －写完了

b. 老师*没来*。(선생님이 오시지 않았다) －来了

c. 叶子*没红*。(잎이 붉지 않았다) －红了

d. 肚子*没饱*。(배가 부르지 않았다) －饱了

e. 产量*没有降低*。(생산량은 줄어들지 않았다) －降低了

38 a. 어제 나는 거기에서 그를 기다리지 않았다.

~~昨天我没在那儿等了他~~。

→ 昨天我没在那儿等他。

b. 한 사람은 다 그렸는지 다른 사람들은 아직 다 그리지 못했다.

~~有一个人画完了，可是别人还没画完了~~。

→ 有一个人画完了，可是别人还*没画完*。

c. 나는 이 역사책을 다 보지 못했다.

~~我没有看了这本历史书~~。

→ 我*没有看*这本历史书。

예문 (37)은 완료사건의 부정형식예문이다. 그러나 예문 (38)은 잘못 사용된 부정형식예문이다. (38a)의 "等了"에 대한 부정은 "没等"이며, 동사 "等" 앞에 전치사구가 존재한다면 부정부사 "没"는 전치사구 앞에 위치하하여야 하기에 "没+在那儿+等"으로 된다. (38b)는 "画完了"에 대한 부정은 "没画完"이고, (38c) "看了"에 대한 부정은 "没看"이다. 위의 예문을 통하여 알 수 있는 것은 부정부사 "没"는 동작의 완성 혹은 완료사건에 대한 부정 즉 "V了"에 대한 부정이기에 완료상 "了"와 같이 사용할 수 없다.

"了"사용에 있어서 주의할 점

첫번째 : 상시성, 반복성, 다수성을 나타내는 부사 "常常, 经常, 一直, 每天"와 완료상 "了"는 함께 사용할 수 없다. 예를 들면

39 저는 대학을 다닐 때 늘 농구시합에 참석했어요.
a. 我上大学的时候*常常参加*篮球比赛。
b. ~~我上大学的时候*常常参加了*篮球比赛~~。

40 나는 중국에 오기 전에 거의 매년 겨울 감기에 걸렸어요.
a. 我来中国以前，几乎*每年*冬天都*得*感冒。
b. ~~我来中国以前，几乎每年冬天都*得了*感冒~~。

41 중국어에 온 이후 우리 둘은 줄곧 같은 반에서 중국어 공부를 했어요.
a. 来中国以后，我们俩一*直在*一个班*学习*汉语。
b. ~~来中国以后，我们俩一*直在*一个班*学习了*汉语~~。

두번째 : 연동문과 겸어문에서 "了"는 두번째 동사 뒤에 동반되어야 한다. 그렇지 않으면 비문법적인 문장이 된다. 예를 들면

42 어제저녁에 나는 롯데시테마에 영화 보러 갔다.

a. 昨天晚上，我*去*乐天剧场*看*了一场电影。

b. ~~昨天晚上，我*去*了乐天剧场*看*一场电影。~~

43 지난주에 우리는 노신의 고향에 가서 참관했다.

a. 上个星期，我们*到*鲁迅故居*参观*了。

b. ~~上个星期，我们*到*了鲁迅故居*参观*。~~

44 내가 40살 때 부모님은 나를 한 여성과 결혼하라고 강요했다.

a. 我四十岁得时候，父母*强迫*我跟一个姑娘*结婚*了。

b. ~~我四十岁得时候，父母*强迫*了我跟一个姑娘*结婚*。~~

45 노파는 금붕어에게 그를 위해 새 집을 지어달라고 부탁했다.

a. 老太婆*请*金鱼为她*造*了一座房子。

b. ~~老太婆*请*了金鱼为她*造*一座房子。~~

46 작년여름 회사가 나를 서울로 출장을 보냈다.

a. 去年夏天，公司*派*我去南方*出差*了。

b. ~~去年夏天，公司*派*了我去南方*出差*。~~

세번째: 주술구 혹은 동목구가 목적어가 될 때 첫번째 동사에 "了" 첨가할 수 없다. 예를 들면

47 모두들 이 제방이 산사태를 막을 수 있기를 희망했다.

a. 大家*希望*这个石坝*能挡住*山洪。(石坝[shíbà])

b. ~~大家*希望*了这个石坝*能挡住*山洪。~~

48 그는 이 문제가 아주 간단하고, 해결하기 아주 쉽다고 생각했다.

a. 他*认为*这个问题*很简单*，*很容易解决*。

b. ~~他*认为*了这个问题*很简单*，*很容易解决*。~~

49 그와 얘기한 다음 나는 그가 아주 재미있는 사람이라는 것을 알게 되었다.

a. 跟他谈话以后，我*发现*他是个很有意思的人。

b. ~~跟他谈话以后，我*发现*了他是个很有意思的人。~~

50 나는 중국어 공부하는 것을 좋아했기에 중국에 왔다.

a. 我*喜欢学习*汉语，所以我到中国来了。

b. 我喜*欢了*学习汉语，所以我到中国来了。

51 나는 그를 도와주는 것을 동의했다.

a. 我*同意帮助*他。

b. 我*同意了帮助*他。

네번째 : 동사 뒤에 결과보어 혹은 "给" "在" "到"등과 같은 단어가 동반되었을 때 "了"는 보어 뒤에 첨가해야 했다 예를 들면

52 그는 한자를 정확하게 썼다.

a. 他把汉字*写对了*。

b. 他把汉字*写了*对。

53 그는 물건을 놓고 바로 나갔다.

a. 他*放下*了东西就出去了。(=他*放下*东西就出去了。)

b. 他*放了*下东西就出去了。

54 그는 아주 많은 어린이들 속에 앉았다.

a. 他*坐在*很多小朋友中间。

b. 他*坐了*在很多小朋友中间。

55 나는 자전거를 신입생에게 선물했다.

a. 我把自行车*送给*了新入学的同学。

b. 我把自行车*送了给*新入学的同学。

56 금년 딸의 날에 엄마는 간식을 나에게 부쳐왔다.

a. 今年女儿节，妈妈把点心*寄到*我这儿。

b. 今年女儿节，妈妈把点心*寄了到*我这儿。

다섯째: "V……+以前"와 같은 구조에서 동사 뒤에 "了"를 동반할 수 없다. 예를 들면

57 어제 밥 먹기 전에 나는 도서관에 갔다.

a. 昨天*吃晚饭以前*，我去图书馆了。

b. ~~昨天*吃了晚饭以前*，我去图书馆了。~~

58 중국에 오기 전에 나는 중국어를 한마디도 할 줄 몰랐다.

a. *来中国以前*，我一句汉语也不会说。

b. ~~来了中国以前，我一句汉语也不会说。~~

“了”의 사용은 중국어를 배움에 있어서 가장 어려운 부분이기도 하다. 본 장절의 내용이 “了”의 정확한 사용에 도움이 되기를 바란다.

5.5 미래상 “要….了”

사건이 발화시간 이후 가장 가까운 시점에 발생하거나 혹은 출현하는 상태를 미래상(将然体)이라 한다. 미래상은 아래 도표와 같이 발화시간다음 사건이 발생되는 것을 가리킨다.

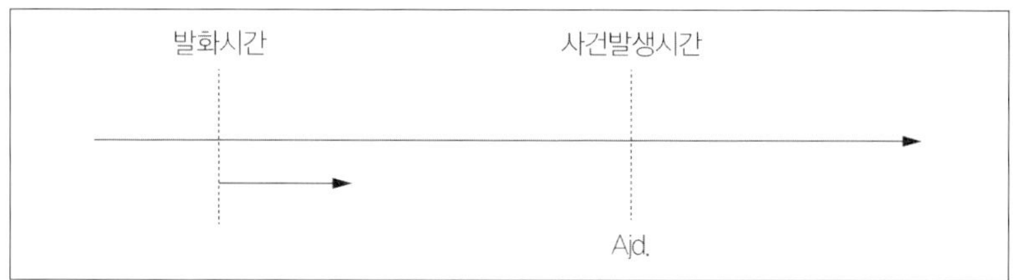

〈도표-8〉

발화시간과 사건이 발생한 시간은 일정한 거리가 있으며, 발화시간 이후에 사건 “V/Ajd.(동사/형용사)”이 발생된다. 이런 상황은 미래상을 나타내는 구문이 필요하다. 미래상은 특수한 사건상태이며 화자가 중시하는 것은 사건이 발생하려는 것, 혹은 아직 발생하지 않는 상태에 처해 있는 상태이다. 기타 동사의 상(体, aspect)과 달리 미래상은 시간부사와 조사 "了"가 함께 구문을 형성하여 구성되었다.

快 + V/Adj. + 了
要 + V/Adj. + 了
快要 + V/Adj. + 了
就要 + V/Adj. + 了

〈도표-9〉

59 a. 车*快*开*了*。 (차가 막 출발하려 해요)
b. 孩子*要*醒*了*。 (애가 막 깨려 해요)
c. 我们*快要*毕业*了*。 (우리는 곧 졸업이네요)
d. 他明天*就要*回来*了*。 (그는 내일 곧 돌아 올거애요)
e. 香山的红叶*快要*红*了*。 (향산의 단풍이 곧 붉어지겠네요)

예문에 사용된 시간부사 "快", "要"등은 어떤 시점에 근접하였음을 나타내며, "V/Ajd.+了"부분은 사건이 처한 완료상태를 나타낸다. 한마디로 말하면 미래상은 사건이 완료상태에 가까운 그런 상태를 가리킨다. 위의 <도표-9>에서의 "了"는 완료상의 표지(mark)이며 <도표-9>의 내부구조는 아래의 <도표-10>로 표시할 수 있다.

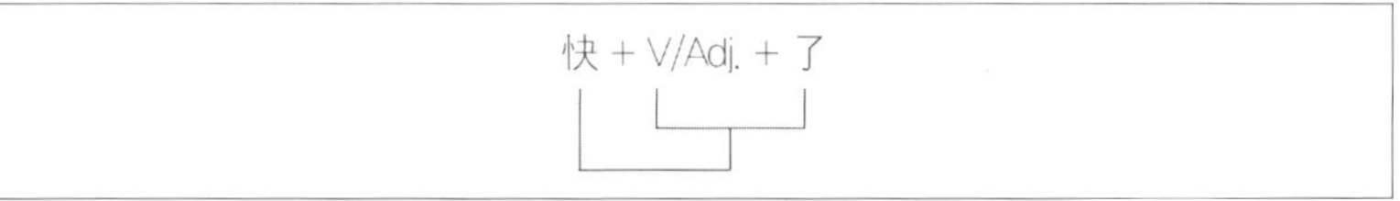

〈도표-10〉

미래상에서 유의하여야 할 점

첫번째: 미래상 구문에서 "了"는 어떤상황에서도 반드시 동반되어야 한다. 그것은 구문에 존재하는 어떤 시점에 근접하였음을 나타

내는 시간부사와 사건의 완료상태가 동시에 미래상을 구성하기 때문이다. 예를 들면

60 비가 올 것 같으니 우리는 서둘러 학교로 돌아가자.

a. *快*下雨*了*, 我们赶快回学校吧。

b. ~~*快*下雨, 我们赶快回学校吧~~。

두번째 : 시간부사 "要", "就" 혹은 "就要"의 앞에 시간사를 사용할 수 있지만, 시간부사 "快" 혹은 "快要"의 앞에는 시간사를 사용할 수 없다. 예를 들면

61 몇일 지나면 겨울방학 다와가.

a. *过几天*, 寒假*就要*到了。

b. ~~*过几天*, 寒假*快要*到了~~。

62 우리는 내일 바로 시험이다.

a. 我们*明天就要*考试*了*。

b. ~~我们*明天快要*考试*了*~~。

63 다음달이면 바로 나의 생일이다.

a. *下个月*, 我的生日*就*到*了*。

b. ~~*下个月*, 我的生日*快*到*了*~~。

64 오후에 우리는 곧 경기다.

a. *下午*我们*要*比赛*了*。

b. ~~*下午*我们*快要*比赛*了*~~。

위의 유의사항에서 시간사 사용여부가 중국어를 배움에 있어서 가장 많이 틀리는 부분이기에 유의하여 기억해야 한다.

5.6 지속상 "-着"

한 사건이 지속적인 상태에 처해 있는 상태를 지속상이라 한다. 도표로 표시하면 다음과 같다.

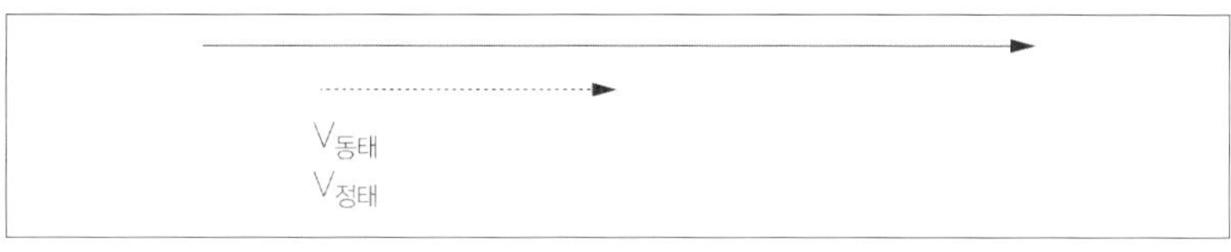

〈도표-11〉

65 a. 大家都在不停地唱着歌儿。(不停[bùtíng]모두들 계속 노래를 부르고 있다)
b. 灯一直亮着。 (전등이 줄곧 켜져 있다)

예문 (65a)는 동작동사 "唱"의 지속상태를 지속상 표지인 "着"를 동반하여 나타냈고, (65b)는 정지동사 "亮"의 지속상태를 지속상 표지인 "着"를 동반하여 나타냈다. 뿐만 아니라고 동작동사든 정지동사든 동사 "唱" 행위는 시간부사 "不停"과 "一直"의 수식을 받는다. 화자가 유의해야하는 것은 사건의 시작 혹은 결말이 사건이 지속되는 상태이다. 이런 지속되는 상태를 형식화 하면 다음과 같다.

지속상 형식 1: V/Adj. + 着 ± O

66 a. 他仔细地*打量着*我。 (打量[dǎliang]그는 나를 자세히 훑어보고 있다)
b. 孩子还*睡着*。 (어린이는 아직도 자고 있다)
c. 门*开着*。 문이 열려져 있다)
d. 这时天还*黑着*。 (이때 날을 여전히 어둡다)

예문 (66)는 모두 동사에 지속상 표지인 "着"를 사용하여 사건의 지속상태를 나타냈다. 그리고 (66a)는 상응되는 형용사 부사어 "仔细"를 동반하였고, (66b,d)는 상태지속을 나타내는 시간부사 "还"인 부사어 성분을 동반하였다.

지속상 형식 2 :	V ± O + 呢
	在/正/正在 + V ± O ± 呢

67 a. 他们上课呢。 (그들은 수업하고 있어요)
b. 他们在讨论。 (그들은 토론하고 있어요)
c. 孩子们在做游戏呢。 (어린이들은 게임을 하고 있어요)
d. 会议正在进行。 (회의는 한창 하고 있다/회의가 진행 중이다)

예문 (67a)는 지속을 나타내는 어기조사 "呢"를 사용하여 지속상을 나타냈고, (67b)는 현재을 나타내는 시간부사 "在"를 사용하여 지속상을 나타냈고, (67c)는 현재를 나타내는 시간부사와 지속을 나타내는 어기부사 형식 "在……呢"을 사용하여 지속상을 나타냈고, (67d)는 현재를 나타내는 시간부사 "正在"를 사용하여 지속상을 나타냈다. 여기에서 유의하여야 할 점은 이런 형식들은 동태적인 지속 사건에만 사용된다.

동태적인 지속

사건이 진행되는 과정에 있어서 만약 위치의 이동, 힘의 증가나 감소가 존재하게 된다. 이런 사건을 우리는 동태적인 사건이라 한다. 예를 들면 "走路"는 발걸음을 이동함에 있어서 위치의 변화가 일어나고, "说话"는 입에서 꺼내는 말들이 다르다는 것은 일종의 힘의 증가나 감소와 같은 변화로 볼 수도 있고, 말할 때 어기가 다른 것도 일종의 변화로 볼 수 있다. 사건이 이와 같은 상태가 지속될 때 우리는 동태적인 지속이라 한다.

동태적인 지속을 나타내는 문장의 특징

첫번째 :

$V_{활동}$ + 着
$V_{종결}$ ± 着

68 a. 两个人肩并肩地*走着*。 (두 사람은 어깨 나란히 걷고 있다)

b. 大家正愉快地*跳着*舞。 (모두들 한창 즐겁게 춤을 추고 있다)

c. 我们在不断地*提高*自己的水平。=*提高着*

(우리는 자신의 수준을 줄곧 향상시키고 있다)

d. 价格还在一天天*降低*。=*降低着* (가격은 여전히 하루하루 떨어지고 있다)

예문 (68a-b)는 활동동사 "走"와 "跳"가 지속상 표지 "着"를 동반하여 동태적인 지속을 나타내고, (68c-d)는 종결동사 "提高"와 "降低"가 지속상 표지 "着"의 동반여부와는 상관없이 동태적인 지속을 나타낸다.

두번째 :

$시간부사_{현재}$ + V ± 着 + 呢

69 a. 这个老师*正在*上着课*呢*。=*正在*上课*呢* (이 선생님은 한창 수업을 하고 계시네요)

b. 外面*正*下着雨*呢*。=*正*下雨*呢* (밖에 지금 비가 오네요)

예문 (69a-b)는 모두 현재를 나타내는 시간부사 "正在"와 "正"이 어기사 "呢"와 결합하여 지속상을 나타낸다. 이때 동사에 첨가되는 지속상 표시 "着"의 첨가여부는 자유롭다.

세번째 :

V_1着 + V_1着 ……+ V_2

70 a. 我们*走着走着*，不知不觉*走到了*山脚下。 (우리는 걷다 보니 어느새 산기슭에 이르렀다)

b. 她*说着说着*，*哭了起来*。 (그녀는 말을 하다보니 울기 시작했다)

예문 (70a-b)의 첫번째 동사는 지속상 "着"을 동반한 중첩형식(V着V着)이다. 이런 중첩형식은 지속성이 오래유지됨을 나타낸다. (70a)는 "걷고 또 걷고"가 "걷다 보니"로 지속상이 오래유지됨을 나타내고, (70b)는 "말하고 또 말하고"가 "말하다 보니"로 지속상이 오래유지됨을 나타낸다. 이와 같은 지속상의 유지는 동반된 두번째 동사 "V_2"의 결과를 생성함을 볼 수 있다. (70a)는 "오래 걸은("走着走着") 결과 "……에 도착했고 "(走到了"), (70b)는 "오래 말을 한"("说着说着") 결과 울음을 터뜨리게 이르렀다("哭了起来"). 이와 같은 동반되는 첫번째 동사는 항상 단음절동사임에 유의하여야 한다.

정지상태의 지속

한 사건이 줄곧 아무런 변화도 없는 상태에 처해 있을 때 정지상태 사건이라 한다. 예를 들면 전등이 켜져 있는 상태("亮"), 문이 닫혀져("关") 있는 상태에 있을 때 아무 변화도 없다. 이런 상태를 정태적인 지속상태라 한다. 예를 들면

71 a. **屋里的灯一直*亮着*。** (방의 전등은 줄곧 켜져 있었다)
b. **我去的时候，发现门*开着*。** 내가 갔을 때 문이 열여져 있는 것을 발견했다)
c. **双方的关系一直*僵持着*。** (**僵持**[jiāngchí]쌍방의 관계는 줄곧 대치하고 있다/맞서고 있다)

정지상태의 지속을 나타내는 문장의 특징

첫번째: "是", "属于", "等于"를 제외한 정지상태의 동사들, 예를 들면 "担心[dān//xīn](염려하다/걱정하다)", "难过[nánguò](고생스럽다/지내기어렵다", "坐", "躺"과 같은 동사들이 포함된다.

두번째: 일부 동사는 동태와 정지상태를 겸하고 있기에 아래와 같은 현상이 존재한다.

72 a. 他们正在往墙上*挂着*画儿呢。 (그들은 벽에 그림을 걸고 있네요)
b. 墙上*挂着*一张画儿。 (벽에 그림 하나 걸려져 있다)

예문 (72a)는 그림을 "挂"하기 위하여 못을 박고, 그림을 잡고, 못에 그림을 걸어 놓는 모든 동작의 과정의 지속상태를 나타내기에 지속상 "着"를 동반하여 동태적인 지속을 나타냈고, (72b)는 그림을 "挂"한 다음 상태의 지속을 나타내기에 벽에 그림이 걸려져 있는 존재상태의 지속을 나타낸다. 또 예를 들면

73 a. 她*穿着*一件漂亮的毛衣。 (그녀는 예쁜 스웨터를 입고 있다)
b. 她手里*拿着*一本词典。 (그녀는 손에 사전 한권을 들고 있다)
c. 地上*铺着*一块地毯。 (땅에 카페트 하나가 깔려 있다)

예문 (73a)는 스웨터를 잡고, 팔에 넣어 입는 모든 동작이 "穿"하는 과정의 지속상표지 "着"를 사용하여 나타내였기에 동태적인 지속을 나태는 구문이고, (73b)는 "一本词典"이 손에 "拿"한 다음의 존재상태의 지속을 나타내기에 정지상태의 구문이고, (73c)도 "一块地毯" 이 바닥에 "铺"된 다음의 존재상태의 지속을 나타태기에 정지상의 구문이다.

세번째: 정지상태의 지속과 동태적인 지속은 문법형식에 다음과 같은 차이점이 있다. 예를 들면

74 a. ~~墙上正在挂着一张画儿。~~
b. 墙上挂着一张画儿。

예문 (74a)는 정지상태의 지속구문에 현재를 나타내는 시간부사 “正在”를 사용할 수 없다. 정지상태의 구문은 존재상태의 지속을 나타내기에 시간부사를 사용할 수 없다. 즉 정지상태의 지속은 지속상 “着”만 동반할 수 있다.

지속상 “着”를 사용함에 있어 주의할 점

첫째 : 지속상 “着”는 반드시 동사의 바로 뒤에 위치하여야 한다. 그렇지 않으면 비문이 된다. 예를 들면

75 오늘 아침에 비가 내가 내리는데 그들은 출발했다.

a. ~~今天早上下雨着，他们就出发了~~。

b. 今天早上*下着雨*，他们就出发了。

76 그는 머리를 숙인 채 한 마디도 하지 않았다.

a. ~~她低头着不说一句话~~。

b. 她*低着头*不说一句话。

77 그들은 박수를 치면서 우리 유학생들을 열렬히 환영했다.

a. ~~他们鼓掌着热烈欢迎我们留学生~~。

b. 他们*鼓着掌*热烈欢迎我们留学生。

둘째 : 지속상 “着”를 사용할 수 없는 경우 - 동사 뒤에 시량보어 혹은 동량보어을 동반했을 경우, 예를 들면

78 그녀가 간 이후 나는 멍하니 한참동안 서있었다.

a. ~~她走了以后，我呆呆地*站着一会儿*~~。

b. 她走了以后，我呆呆地*站了*一会儿。

79 나는 어제 거기에서 한 시간 반을 기다렸다.

a. ~~我昨天在那儿*等着一个半小时*~~。

b. 我昨天在那儿*等了一个半小时*。

80 “책벌레!” 황씨는 나를 한번 쏘아봤다.

a. ~~“书呆子！” 老黄瞪着我一眼~~。

b. “书呆子！” 老黄*瞪了*我一*眼*。

셋째 : 지속상 “着”를 사용할 수 없는 경우 – 동작이 끝나고 머무는 처소성분일 경우 동사 뒤에 “V在+NP”을 사용해야 한다. 예를 들면

81 그들은 식사한 이후 침대에 누웠다.

a. ~~他们吃完饭后*躺着床上*~~。

b. 他们吃完饭后*躺在床上*。

82 내 친구는 나를 도와 TV를 책상 위에 놓았다.

a. ~~我朋友帮我把电视机放着桌子上~~。

b. 我朋友帮我把电视机*放在桌子上*。

83 나는 차에 앉아 신문을 본다.

a. ~~他坐着汽车里看报纸~~。

b. 他*坐在汽车里*看报纸。

84 내가 들어갔을 때 그녀는 침대에 누워 휴식하고 있었다.

a. ~~我进去的时候，她正躺着在床上休息~~。

b. 我进去的时候，她正*躺在床上*休息。

85 오전에 그는 줄곧 사무실에 앉아 있는다.

a. ~~上午，他一直坐着在办公室里~~。

b. 上午，他一直*坐在办公室里*。

넷째 : 동작의 진행을 동반할 경우 앞에 위치한 동사에 지속상 “着”를 첨가한다. 그렇지 않으면 비문이 된다. 예를 들면

86 내가 갔을 때 그는 앉아서 음악을 듣고 있었어요.

a. ~~我去的时候，他正坐听收音机呢~~。

b. 我去的时候，他正坐着听收音机呢。

87 그들은 우리들의 손을 꼭 잡고 말하기를 "환영해요! 환영해요!"

a. ~~他们紧紧握我们的手说："欢迎！欢迎！"~~

b. 他们紧紧*握着*我们的手*说*："欢迎！欢迎！"

88 그는 아쉬운 마음으로 호텔로 돌아갔다.

a. ~~他带难舍难分的心情回宾馆去了。~~

b. 他*带着*难舍难分的心情*回*宾馆*去了*。

5.7 경험상 "-过"

한 사건이 과거의 어떤 시간내에 발생 혹은 출현하였으며, 과거에 이미 종결된 상태를 경험상이라 한다. 시간관계를 아래와 같이 도표로 표시할 수 있다.

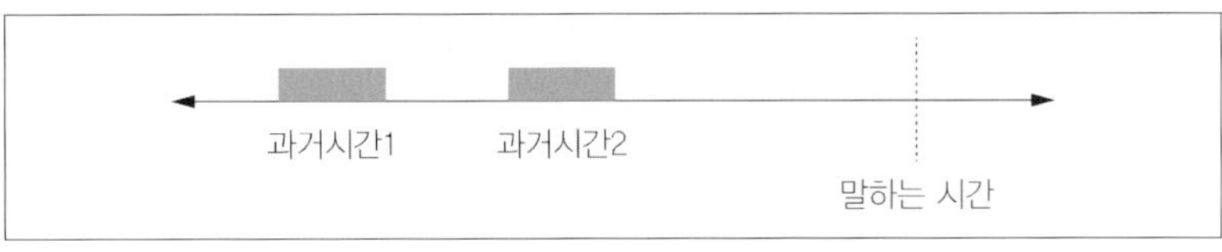

〈도표-12〉

89 Q: 你*去过*几次? (너 몇 번 가봤니?)

A: *去过*两次。 (두 번 가 봤어/두 번 간 적이 있어)

90 a. 我以前*去过*那个地方。 (나는 예전에 그 곳을 간 적이 있어)

b. 那个地方我以前*去过*两次。 (그곳에 나는 예전에 한번 간 적이 있어)

예문 (90)처럼 "去那个地方"이라는 사건이 이전에 발생하였고 이 사건의 발생은 한번 일 수도 있고, 한번 이상일 수도 있다. 때문에 경험상에 대한 질문은 (89Q)와 같이 "去过几次"할 수 있다. 예문 (90a)의 "去过

那个地方"는 경험상 "过"를 사용하여 과거에 "그곳에 간"사건이 이미 종결되었음을 나타내고, (90b)는 두가지 의미를 내포하고 있다. 즉 "그곳에 간" 사건이 이미 종결되었지만 그런 경험을 <도표-12>과 같이 "과거시간1"에 첫번째, "과거시간2"에 두번째로 갔음을 수량보어를 통하여 "횟수"를 나타냈다. 경험상은 중점적으로 과거의 어떤 경험 여부에 대한 표현이며 이런 경험이 현재의 진행에 영향을 미치는가에 대하여서는 기능을 하지 않는다.

경험상과 완료상의 관계

경험상과 완료상의 관계는 표지 "了"와 "过"라는 두 개의 표지로 구체적으로 나타나지만 이 두 표지 자체가 좀 복잡하기에 두가지 상 사이 관계에 대하여 좀 더 서술하려 한다. 우선 경험상과 완료상은 밀접한 연관성이 있다. 시간적으로 볼 때 경험상은 반드시 사건이 과거시간에 발생 혹은 출현하지만 완료상은 일반적인 상황에서 비록 과거시간에 발생 혹은 출현하지만 미래시간에도 사용된다는 것을 우리는 미래시제표지("要……了")를 통하여 알 수 있다. 이것은 완료상이 미래상과의 차이점이다.

그러나 완료상의 시간도 일반적으로 과거이기에 경험상과 같이 엮여 있다. "了"의 사용과 "过"의 사용이 명확하지 않을 때가 있다. 예를 들면

91 a. 她去了一趟北京。
   b. 她去过一趟北京。

92 a. 她去了北京。
   b. 她去过北京。

예문 (92)의 두 문장의 차이점은 잘 드러나지 않는데 수량사 동량보어 "一趟"을 통하여 차이점을 찾아볼 수 있다. 일반적으로 사건이 종결성적 특징을 지닐 경우 수량보어를 동반한다. 다시 말하면 수량보어를 동반한 문장은 이 사건이 종결성적인 특징을 지니고 있음을 나타낸다 ("我就跑了一千米" "我看了一个电影"와 같이 "문장의 상태"장절에서 다룬 내용 참조). 즉 수량사가 사건이 이미 끝났음을 나타낸다. 이런 상황에서 "了"와 "过"가 나타내는 문법적의미는 일정한 정도에서 겹쳐져 있기에 비슷하다고 할 수 있다. 그러나 예문 (92)처럼 수량사가 없다면 "了"와 "过"차이점이 명확해 진다. (92a)는 "그녀는 지금 여기에 없고, 북경에 있다"라는 의미를 내포하고 있고, (92b)는 "그녀는 지금 북경에 있는 것이 아니라 여기에 있다"라는 의미를 내포하고 있다.

진일보의 비교를 통하여 우리는 완료상이 나타내려는 초점은 이미 발생 혹은 출현함이라는 것을 알 수 있다. 사건이 종결점에 대하여 명확히 표현하지 않는다. 그러나 경험상이 나타내려는 초점은 과거의 어떤 시간 동안에 어떤 한 사건의 발생 혹은 출현했을 뿐만 아니라 이미 종결됨을 나타낸다. 이것은 이 두 가지 상이 가지고 있는 근본적인 차이점이다. 이와 같은 차이점으로 인하여 "了"는 "起来"와 공기할 수 있지만 "过"는 공기할 수 없다. 예를 들면

93 a. 孩子胖了。(孩子胖了起来。) (孩子胖起来了。)
(어린이는 살이 쪘다 / 살이 찌기 시작했다)
b. 孩子胖过。 (어린이는 살이 찐적 있다)

94 a. 经过精心调养，孩子终于*胖了起来*。
(정성스러운 몸조리를 통하여 어린이는 드디어 살이 찌기 시작했다)
b. ~~孩子*胖过起来*~~。

예문 (93-94a)의 "胖起来"라는 의미는 "胖"이라는 현상이 나타나기 시작하였음을 의미하고, "了"가 나타내는 문법의미와 모순되지 않기에 공기할 수 있다. 또 "起来"가 나타내는 시작상은 지속(비종결성)의 의미적인 특성이 있기에 "过"와 공기할 수 없다.

경험상을 사용함에 있어서 유의할 점

첫째: 동사에 "过"를 사용할 수 없는 문장은 상시성, 다수성, 반복성적인 특징을 지닌 사건이다. 예를 들면

95 그 프로그램은 늘 방송한다.

a. ~~那个节目*经常播送过*~~。 (항시성: 经常)

b. 那个节目经常播送。

96 나는 한 주일에 한 시간 동안 고문을 읽었다.

a. ~~一个星期我*念过*一个钟头的古文~~。 (반복성: 一个星期一个钟头)

b. 一个星期我*念了*一个钟头的古文。

두번째: "过"의 위치에 주의하여야 함. 연동구조와 겸어구조로 된 문장에서 "过"는 마지막동사에 첨가해야 한다. 예를 들면

97 나는 북경에 온 다음 혼자서 여행한 적 있다.

a. ~~我*来过北京*以后, 一个人*去过旅游*~~。(V_1=去, V_2=旅游)

b. 我*来北京*以后, 一个人*去旅游过*。

98 나는 수도극장에 가 연극을 본적 있다.

a. ~~我们*去过*首都剧场*看*话剧~~。(V_1=去, V_2=看)

b. 我们*去*首都剧场*看过*话剧。

99 회사에서 나를 북경에 파견한 적 있다.

a. ~~公司*派过*我*去*北京~~。("派"를 사용한 겸어문)

b. 公司*派*我*去过*北京。

세번째 : "过"의 위치에 유의하여야 함. 숙어처럼 늘 공기하는 동목구 ("V+O")와 이합사에서 "过"는 두성분 사이에 삽입된다. 예를 들면

100 군에 입대하기 전 나는 학교방송국에서 기자를 한 적 있다.

a. ~~当兵以前，我在学校广播站*当记者过*。~~ (속어 같은 동목구: 当记者)

b. 当兵以前，我在学校广播站*当过记者*。

101 나는 휴가를 받은 적 있어 휴가 신청서를 기입할 줄 안다.

a. ~~我*请假过*，我会填请假单。~~ (이합사: 请假)

b. 我*请过假*，我会填请假单。

네번째 : "过"를 반드시 첨부해야 하는 문장은 과거에 어떤 경험이 있었음을 나타내는 구문, 예를 들면

102 우리나라는 전혀 지진이 난적 없다.

a. ~~我们国家*从来没有闹*地震。~~

b. 我们国家*从来没有闹过*地震。

103 나는 그곳에 한번 가본적 있어 너희들에게 어떻게 가는 지를 알려줄 수 있어.

a. ~~我*去*那儿一*次*，我可以告诉你们怎么去。~~

b. 我*去过*那儿一*次*，我可以告诉你们怎么去。

다섯번째 : "过"를 사용할 때 앞에 확정된 시간사를 사용해야 함. 예를 들면

104 어느날 나는 상해에 간적 있다.

a. ~~*有一天*，我*去过*上海。~~ (불확실한 시간사: 有一天)

b. *一年前*，我*去过*上海。

105 중국에 오기 전에 나는 어떤 때 중국 영화를 본적 있다.

a. ~~来中国以前，我*有时候看过*中国电影。~~ (불확실한 시간사: 有时候)

b. 来中国以前，我*看过*中国电影。

5.8 시작상 "-起来"

사건이 금방 시작한 상태에 처해 있을 때의 상태를 시작상이라 한다. 도표로 표시하면 다음과 같다.

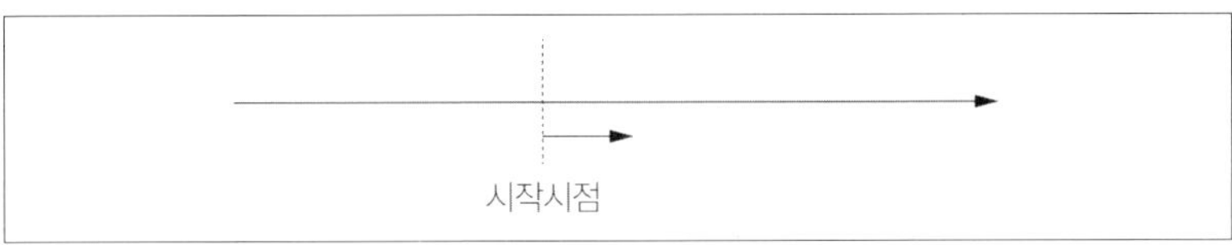

〈도표-13〉

<도표-13>에서 보여 주는 것처럼 동작이 시작 시점에 처해 있는 상태인데 형식은 다음과 같다.

V/Adj. + 起来 ± 了
V/Adj. + 上/开 + 了

106 a. 想到这些，她伤心地*哭起来*。 (여기까지 생각하니, 그녀는 속상해서 울기 시작했다)

a'. 想到这些，她伤心地*哭了起来*。

b. 他们不知道因为什么又*吵起来了*。 (그들은 무슨 영문인지 또 다투기 시작했다)

c. 天气也*热起来了*。 (날씨도 더워지기 시작했다)

d. 关系已经*好起来了*。 (사이가 이미 좋아지기 시작했다)

e. 你怎么也跟着*哭上了*? (너도 왜 따라 우니?)

e'. 你怎么也跟着*哭上*?

f. 还没说上几句，两个人就*吵开了*。 (몇 마디 못했는데 두 사람은 바로 다투기 시작했다)

f'. ~~还没说上几句，两个人就*吵开*。~~

g. 他们俩*好上了*。 (그들 둘은 사이가 좋아지기 시작했다)

g'. ~~他们俩*好上*。~~

예문 (106a-d)는 동사 뒤에 시작상 "起来"를 동반하여 동작의 시작점을 나타낸다. 여기에서 "了"의 첨가는 비교적 자유롭고, 또한 "起来"앞에도 첨가할 수 있다(106a'). 그러나 예문 (106e-f)는 동사 뒤에 "上"과 "开"를 동반할 경우 반드시 "了"를 동반하여야 된다는 것에 유의하여야 한다. 그렇지 않으며 (106e', f', g')처럼 비문법적인 문장이 된다. (106g)는 형용사 뒤에 "-上了"를 동반하여 시작점을 나타낸 문장이다.

시작상에서 유의할 점

첫째: 방향을 나타내는 "起来"와 시작상을 나타내는 "起来"를 구분하여야 한다. 예를 들면

107 a. 她突然*站起来*。 (그녀는 갑자기 일어났다)

b. 她突然*笑起来*。 (그녀는 갑자기 웃기 시작했다)

예문 (107a)의 "起来"는 방향을 나타내고, (107b)의 "起来"는 시작상을 나타낸다. 이것은 "起来"앞에 동반된 동사의 특성에 의하여 결정된다. "站"과 같은 동사는 "아래에서 위로"의 방향성이 있는 이동동사이다. 동사 "笑" 자체에 이런 "아래에서 위로"와 같은 방향성 존재하지 않는다. 동사에 "방향성"이 있는가 없는가에 따라 "起来"의 성질이 결정된다. 아래의 도표를 참조하기 바란다.

+V방향성	站, 立, 坐, 拿, 端[duān], 捧 [pěng], 举[jǔ], 抬[tái], 扛[káng], 跳, 升
-V방향성	说, 唱, 笑, 读, 写, 念[niàn], 讨论[tǎolùn], 商量[shāng·liáng], 学

이동의미가 없는 동사 "-V방향성"들이 숫자적으로 훨씬 더 많다. 비록 이동의미 특성을 지닌 동사라 할 지라도 일정한 문맥에서 "起来"가 시작상을 나타낼 수 있다는 것을 아래의 예를 통하여 알 수 있다.

108 a. 你的身体还没恢复, 怎么*举起*杠铃*来了*?(杠铃[gànglíng])
(몸이 아직 회복되지 않았는데 왜 바벨을 들기 시작해?)
b. 跳高场地刚准备好, 他就迫不及待地*跳了起来*。(迫不及待[pò bù jí dài])
(높이뛰기 장소가 막 마련되자 그는 한시라도 지체할 세라 뛰기 시작했다)

예문 (108)처럼 동사 방향성을 가진 이동 동사 "举(어깨위로 들어 올리다)"와 "跳(위로 뛰다)"는 앞에 조건절로 인하여 동반되는 "起来"는 시작상을 나타내다. 만약 앞 조건절이 없다면 시작상을 나타낸다고 보기 힘들다. 조건절이 없이 "~~开始站~~"나 "~~开始坐~~"는 성립되지 않는다.

둘째: 이합동사 혹은 동사에 목적어가 동반 되였을 경우 시작상 표지 "起来"는 아래과 같은 형식으로 사용된다.

V + 起 + O + 来

109 모두들 즐겁게 노래를 부르기 시작했다.
a. 大家高高兴兴地*唱起*歌*来*。 (唱歌)
a'. ~~大家高高兴兴地*唱歌起来*。~~
그들은 왜 또 말다툼을 시작했을까?
b. 他们怎么又*吵起*架*来了*? (吵架)
b'. ~~他们怎么又*吵架起来了*?~~

예문 (109a)는 동목구 "唱歌- 唱+歌"에 시작상 표지를 동반할 때 반드시 목적어 "歌"는 "起来"사이에 삽입해야 하고, (109b)의 이합사 "吵架"도 시작상 표지를 동반하려면 명사성 성분 "架"는 "起来"사이에 삽입해야 된다. 그렇지 않으면 (109a', b')처럼 비문법적인 문장이 된다.

5.9 이음상 "-下去"

사건이 진행 또한 이어 지속하여 진행되는 상태를 이음상이라 한다. 이음상 표지는 "-下去"이다. 이음상의 시간관계를 아래 도표와 같이 표시 할 수 있다.

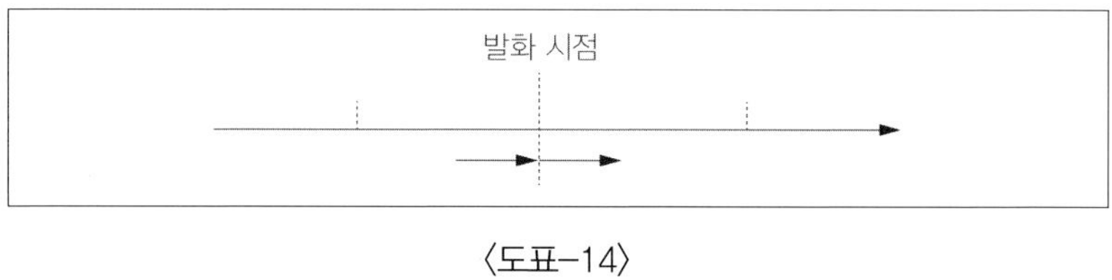

〈도표-14〉

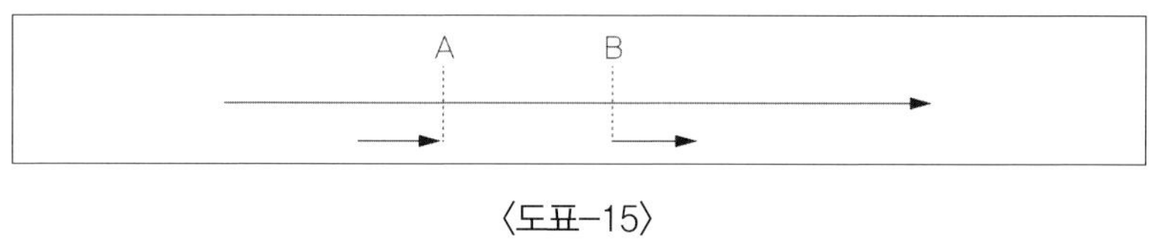

〈도표-15〉

위 <도표-14>처럼 이음상의 특징은 화자가 사건이 일어나는 과정의 한 시점에 있으며 이 시점에서 발화할 때 사건이 여전히 지속되는 상태이다. <도표-15>의 사건이 잠시 "A"에서 중단되었다가 "B"에서 계속 진행되는 상태를 나타낸다. 예를 들면

110 a. 我们坐在那里静静地听她*唱下去*。
(우리는 거기에 앉아서 조용히 그녀가 노래를 계속해 나가는 것을 듣고 있었다)
b. 你怎么停下来了? 接着*说下去*。
(너는 왜 멈춰? 이어서 계속 말해)

예문 (110a)는 "계속" "줄곧"과 같은 부사어를 사용하여 이음의미를 나타낼 수 있고, (110b)는 "잇따라", "연이어", "계속해서", "이어서"와 같은 부사어를 사용하여 이음의미를 나타낼 수 있다.

이음상과 지속상의 차이점

지속상은 사건이 발화전부터 발화할 때까지 줄곧 지속되는 상태이며, 발화 이후의 상태는 별로 중요하지 않으며 중지 될 수도 있고 지속될 수도 있다. 예를 들면

111 天都亮了, 灯怎么还*开着*? 快去关上。
(날이 다 밝았는데, 전등이 왜 켜져 있어? 어서 꺼)

예문 (111)처럼 발화전과 발화후에 "전등이 켜져 있다", 발화 이후의 상태와는 상관 없다. 그러나 이음상은 발화이후의 지속상태에 중점을 둔다. 발화 할 때 사건이 지속할 수도 있고(도표-14), 잠시 중단할 수도 있다(도표-15).

이음상 사용에 유의할 점

첫째: 이음상 표지 "下去"와 동작의 방향을 나타내는 결과보어 "下去"를 구분하여야 한다. 예를 들면

112 a. 请你把这本书*读下去*。 (이 책을 읽어 내려가 주세요)

b. 请你把这本书*拿下去*。 (이 책을 들고 내려가 주세요)

예문 (112a)의 "下去"는 방향성이 없는 동사 "读"의 뒤에서 이음상 표지이고, (112b)의 "下去"는 이동의미를 나타내는 동사 "拿"을 통하여 "这本书"의 위치가 이동됨을(평행이동 즉 "오른쪽에서 왼쪽으로", 상하이동 즉 "윗층에서 아래층으로") 나타내기에 결과보어 표지이다. 이점은 시작상 "起来"와 방향을 나타내는 결과보어 "起来"의 구별과 같다. 이음상에 사용되는 동사들로는 "说, 哭, 笑, 吵, 听, 看, 唱, 读, 聊"들이다.

그러나 이동 특성을 지닌 동사 뒤에 "下去"가 동반되면 경우에 따라 중의성을 나타낼 수도 있다. 예를 들면

113 你得*跑下去*。(너는 뛰어 내려가야 해)

a. 결과보어: 언덕 위에서 아래로 달리는 의미

b. 이음상: 달리기 경주에서 멈춰 서지 말고 계속 달려야 하는 의미

114 你可以在这条路上一直*走下去*。

a. 결과보어: 도로에서의 이동은 동쪽에서 서쪽으로 평행 이동의 의미

b. 이음상: 도로에서 쉬지 않고 계속 걸어가는 의미

위와 같은 중의성은 텍스트 맥락에서는 "결과보어" 의미인지 "이은상" 의미인지가 명확히 드러난다.

둘째: 이음상 "下去"는 목적을 동반할 수 없다. 이것은 시작상 표지 "起来"과 다른 점이다. 예를 들면

115 모두들 이 문제를 토론하기 시작했다.

a. 大家*讨论起*这个问题*来了*。

b. ~~我们得*讨论下*这个问题*去*~~。

116 이 문제를 우리는 토론해 나가야 해요.

a. 这个问题我们得*讨论下去*。

b. 我们得把这个问题*讨论下去*。

예문 (115b)처럼 이음상 표지 "下去"는 목적어를 동반할 수 없기에 예문 (116a-b)처럼 목적어는 "V+下去"의 앞으로 이동하여야 한다. (116a)에서 기본문장형식의 목적어 "这个问题"는 이음상 표지 "下去"로 인하여 전체문장의 앞 즉 주어의 앞으로 이동하여 변형문장의 화제적 주어성분이 되고, (116b)에서는 특수문장형식인 "把"의 목적어로 주어의 뒤, 술어성분의 앞에 위치하여 전치사구 부사어성분이 되었다. 이와 같은 기능은 일부 이합사(VO)일 경우 "O"성분을 탈락시키고 이음상 표지를 "V"에 동반시킨다. 예를 들면

117 당신들은 더는 말다툼을 계속 하지 마세요.

a. ~~你们别再*吵架下去了*~~。

b. 你们别再*吵下去了*。

118 이 춤을 우리는 여전히 계속 춰야해요.

a. ~~我们还应该跳舞下去~~

b. 这舞我们还应该*跳下去*。

이함동사 "吵架"의 목적어성분 "架"가 이동할 수 없기에 삭제하는 방법으로 (117b)와 같은 문장을 구성한다. 그러나 일반적인 동목구 같은 경우 예문 (118b)의 "跳舞"처럼 목적어 성분 "舞"를 주어 앞으로 이동시키면 된다.

1장 연습문제

1. 아래의 의문문 중에서 시비의문문을 지적하세요.

(1) 问题到底该怎么解决? (到底[dàodǐ]도대체)

(2) 她今天下午回来?

(3) 你为什么要这么做?

(4) 她经常会去看望老人吗? (看望[kàn·wàng]문안하다, 찾아뵙다)

(5) 她们明天来不来?

(6) 你觉得她长得漂亮吗?

(7) 这个情况告诉不告诉她?

(8) 你难道还不明白吗?

2. 아래의 서술문을 반문의문문으로 바꾸고, 한국어로 번역하세요.

(9) 她明白这个道理。

(10) 我不愿意有这个结果。

(11) 她已经知道了。

(12) 对这种人不能仁慈。 (仁慈[réncí]인자하다)

(13) 这么重要的事情应该告诉他。

(14) 这是老同学。

3. 제시된 단어를 이용하여 선택의문문을 작성하세요.

(15) (茶, 咖啡) →

(16) (汉语, 英语) →

(17) (上中学, 上大学) →

(18) (从家里, 从学校) →

(19) (骑自行车, 坐车) →

(20) (用电脑, 用笔) →

4. 아래의 서술문을 명령의문문형식으로 바꾸세요.

(21) 你过来。

(22) 你帮助我一下。

(23) 你们早点儿回来。

(24) 你把门打开。

(25) 你再说一遍。

(26) 你好好准备准备。

5. 아래 문장의 문장유형을 지적하세요.

(27) 他的事迹真让人感动。 (事迹[shìjì]업적, 사적, 행적)

(28) 我很感谢你对我的帮助。 (感谢[gǎnxiè]감사하다, 고맙다)

(29) 我难道不该表示一点感谢吗?

(30) 你去把信取回来。

(31) 别把钱弄丢了。 (弄丢[nòngdiū] 분실하다, 잃어버리다)

(32) 你是跟我一起去还是跟他一起去?

(33) 我不是已经告诉过尼玛?

(34) 他们怎么回来的?

6. 아래 비문을 문법적인 문장으로 바꾸세요.

(35) 你打算坐飞机还是火车去上海?

(36) 反正现在做不完, 干脆明天再做呢。(反正[fǎnzhèng]어쨌든; 干脆[gāncuì]아예, 전혀)

(37) 她难道还不明白呢?

(38) 他们从北京还是从上海回国?

(39) 这孩子睡没睡吗?

(40) 你可以跟我去不去?

(41) 我有一件真漂亮的衣服。

7. 의문문형식을 사용하여 아래 서술문을 완성하세요.

(42) 我不清楚 ……………………………………。

(43) 我知道 ……………………………………。

(44) 她不会明白 ……………………………………。

(45) 我很怀疑 ……………………………………。

(46) 我很想知道 ……………………………………。

(47) 我始终搞不懂 ……………………………………。

3장 연습문제

1. 아래 문장 중에서 존현문을 찾고, 왜 존현문인지를 15자이내로 기술하세요.

(1) 床上躺着一个人。

(2) 一个人三本书。

(3) 那个人正躺在床上。

(4) 她嘴里正吃着东西。

(5) 这个人的嘴上叼着一根烟。 (叼[diāo]입에 물다)

(6) 桌子上放了一些吃的东西。

(7) 她在墙上挂了一幅大照片。

(8) 粮食上边趴着一只大耗子。 (耗子[hào·zi]쥐)

(9) 沿着河边是一排杨柳树。 (杨柳树[yángliǔ shù]버드나무)

(10) 她从外边走了进来。

(11) 街上到处贴着标语。

(12) 外边走进来一个姑娘。

2. 아래 존현문을 일반서술문으로 변형하세요.

(13) 门口坐着一位老者。→

(14) 前面跑过来一群孩子。→

(15) 桌子上摆着一只花瓶。→

(16) 讲台上站着一位老师。→

(17) 床上躺着一个人。→

(18) 门口开过来一辆汽车。→

3. 아래 '把'자문을 '被'자문으로 변형하세요.

(19) 我把衣服弄脏了。→

(20) 孩子把玻璃打碎了。玻璃[bō·li] →

(21) 他把书偷走了。→

(22) 哥哥把家里的房子卖了。→

(23) 我把哪个难题解决了。→

(24) 我把那件东西送给别人了。→

4. 아래 '被'자문을 '把'자문으로 변형하세요. 把'자문으로 변형할 수 없는 문장도 존재합니다. 변형할 수 없는 이유를 15자이내로 기술하세요.

(25) 这个问题被他搞清楚了。→

(26) 我被别人伤害过。→

(27) 那个密码已经被我成功破译了。→

(28) 他被人爱过。→

(29) 我已经被他说服了。→

(30) 她愿意被人欣赏。→

5. 아래 배분문에 적당한 동사를 첨가하세요.

(31) 两个人(　　)一间房。

(32) 一个人(　　)一句话。

(33) 十个人(　　)一锅饭。

(34) 两个人(　　)一本书。

(35) 一天(　　)三顿饭。

(36) 五十袋方便面(　　)一个月。

6. 아래의 문장을 형식동사가 있는 문장으로 치환하세요.

(36) 大家认真讨论了这个问题。

(36) 学者们深入研究了城市环境治理问题。 (治理[zhìlǐ]다스리다)

(36) 我们应该更多地关注一下儿童教育。 (关注[guānzhù]관심을 가지다)

(36) 父母严肃地批评了我。

(36) 敌人野蛮地狂轰乱炸这个美丽的城市。 (野蛮[yěmán]야만스럽다, 狂轰[kuánghōng]무차별 폭격하다, 乱炸[luàn zhà] 마구 폭발하다)

(36) 我打算好好调查一下这个地区的生态环境。

5장 연습문제

1. 아래 빈칸을 적당한 상표지 "了"와 "着"로 완성하세요

(1) 以前我只是在画报上看到(　　)商城，今天终于亲眼看到(　　)。(商城[shāngchéng]쇼핑타운

(2) 你怎么突然停下来(　　)? 接着唱(　　)啊。

(3) 我们正坐(　　)聊天儿，突然门开(　　)，一个陌生人走(　　)进来。(陌生人[mòshēngrén]낯선 사람)

(4) 我从来没有去(　　)那里。我想到(　　)那儿，先找一个当地的导游，带(　　)我去游览。

(5) 春天到(　　)，天气也暖和(　　)了。

(6) 虽然你们下(　　)很大的功夫，但问题还没有查清楚，所以还得查(　　)。

2. 아래의 문장을 요구에 따라 완료 사건을 나타내는 문장으로 완성하여 주세요.

(7) 他已经回来了。

a. 시간구문　　b. 방식구문　　c. 처소구문

(8) 东西已经买到了。

a. 시간구문　　b. 처소구문　　c. 방식구문

(9) 钱丢了。

a. 시간구문　　b. 처소구문

(10) 电脑修好了。

a. 행위자구문　　b. 시간구문

c. 처소구문　　d. 방식국문

(11) 客人走了。

a. 시간구문　　b. 방식구문　　c. 처소구문

3. 틀린 문장 바로 잡고, 그 이유를 15자이내로 설명하세요.

(12) 我晚上就到了那儿，明天，先参观了大佛，又买了些东西。

(13) 我去的时候，看见大门正在开着。

(14) 以前我有的时候看过这个电影。

(15) 这里过去从来没发生这样的事情。

(16) 我明天一下课了就去找你。

(17) 昨天晚上我们讨论一下儿了这个问题。

(18) 我们去了工厂以前，已经了解了一点儿工厂的情况。

(19) 我听说了他毕业以后就到上海去了。

(20) 以前我吃了烤鸭，我还想吃一次。

(21) 以前，黄河经常发生了大水灾。

(22) 我前天晚上看一个特别有意思的电影。

(23) 他过来坐了在我的旁边。

(24) 办完事以后，我还去了看我的一个朋友。

(25) 我在那里游泳过一次。

(26) 我到过别的大学继续学习汉语。

(27) 首尔的火车正到着站。

(28) 他们都站着主楼前边。

(29) 他拉自己的儿子上楼了。

(30) 房子里的电话响着很长时间，他居然没醒。(居然[jūrán]뜻밖에)

(31) 他们谈着半个小时了。

/ 지은이 소개 /

이영희李英姬

中國延邊大學 중어중문학과 학부와 석사를 마치고, 북경대학교 방문학자, 동대학교 중어중문학과 교수 8년, 이화여자대학교 초빙교수 2년, 서울대학교 박사과정 2년, 현재 동의대학교 중국어학과에서 22년 동안 중국어문법과 중국어회화를 담당하고 있는 평범한 교수이다. 그간 중국어 교수법에 관한 저서와 중국어 문법에 관한 저서들을 썼으며, 역사적인 관점에서 어휘와 언어구조의 문법화에 대한 연구를 진행하고 있으며 현재에는 언어구조의 심리적 형성에 관한 연구를 진행하고 있으며, 동양문화역사와 고대 및 중세 서양문화역사 비교에도 관심을 가지고 있다. 저서로는 <6개 키워드로 읽는 슈퍼차이나>, <실용중국어문법론>, <听说课教学新探>등이 있으며, 논문으로는 <중국어의 '进行'과 일본어 'する'의 비교연구>, <使役句研究小考> 시리즈 3편 등이 있다.

중국어문법의 이해

2022. 2. 15. 1판 1쇄 인쇄
2022. 2. 28. 1판 1쇄 발행

지은이 이영희
발행인 김미화 발행처 인터북스
주소 서울시 은평구 연서로20길 11 전화 02.356.9903 팩스 02.6959.8234
이메일 interbooks@naver.com 홈페이지 hakgobang.co.kr 출판등록 제2008-000040호
ISBN 978-89-94138-77-0 93720 정가 13,000원